中国象棋经典布局系列

# 中炮进三兵对反宫马

朱宝位　刘海亭　编著

U0129575

时代出版传媒股份有限公司
安徽科学技术出版社

**图书在版编目（CIP）数据**

中炮进三兵对反宫马 / 朱宝位，刘海亭编著. --合肥：安徽科学技术出版社，2019.1
（中国象棋经典布局系列）
ISBN 978-7-5337-7441-7

Ⅰ.①中… Ⅱ.①朱…②刘… Ⅲ.①中国象棋-布局（棋类运动） Ⅳ.①G891.2

中国版本图书馆 CIP 数据核字（2018）第 000295 号

中炮进三兵对反宫马　　　　　　　　　　　　朱宝位　刘海亭　编著

出 版 人：丁凌云　　　选题策划：刘三珊　　　责任编辑：刘三珊
责任校对：王　静　　　责任印制：廖小青　　　封面设计：吕宜昌
出版发行：时代出版传媒股份有限公司　http://www.press-mart.com
　　　　　安徽科学技术出版社　　　　http://www.ahstp.net
　　　（合肥市政务文化新区翡翠路 1118 号出版传媒广场，邮编：230071）
　　　电话：（0551）63533330
印　　制：三河市人民印务有限公司　　　　电话：（0316）3650588
（如发现印装质量问题，影响阅读，请与印刷厂商联系调换）

开本：710×1010　1/16　　　印张：12.75　　　字数：229 千
版次：2019 年 1 月第 1 版　　　2019 年 1 月第 1 次印刷

ISBN 978-7-5337-7441-7　　　　　　　　　　　定价：24.50 元

# 前　言

　　反宫马俗称"夹炮屏风"，是应对中炮进攻的一大布局体系。随着布局理论研究的深入以及比赛中棋手使用率的提高，中炮对反宫马的攻守变化也日趋成熟，反宫马布局以其稳健兼具弹性的特点而得到棋界的认可，成为继顺手炮和屏风马之后对抗中炮进攻的主流布局之一。红方对抗反宫马主要有进三兵、进七兵等攻法。中炮进三兵对反宫马，是中炮对反宫马布局中最常见的一种阵势。自20世纪80年代开始流行，现已发展成庞大的布局体系，为全国象棋大赛中较热门的布局之一。中炮进三兵对反宫马这一布局的特点是：克制了黑方马跃河口而构成的肋炮守护盘河马的理想阵势，弈法合乎棋理。

　　本书专门介绍和阐述中炮进三兵对反宫马的各种局式、变化及其攻防战略。全书分六章共80个局式，最后附有实战对局选例20局，以供读者在阅读研究时与本书理论部分的内容互相印证，随着实战经验的积累，不断提高这种布局的技战术水平。

　　限于笔者水平，书中不妥之处在所难免，希望得到棋界同好的批评、指正。

编著者

# 目　录

第一章　五六炮边马进三兵对反宫马 ······················· 1

第一节　黑飞左象变例 ··································· 1

第1局　黑进炮封车对红退马捉炮(一) ············· 1

第2局　黑进炮封车对红退马捉炮(二) ············· 3

第3局　黑进炮封车对红退马捉炮(三) ············· 5

第4局　黑进炮封车对红退马捉炮(四) ············· 7

第5局　黑进炮封车对红退马捉炮(五) ············· 9

第6局　黑进炮封车对红退马捉炮(六) ············· 11

第7局　黑进炮封车对红退马捉炮(七) ············· 13

第8局　黑进炮封车对红右车过河(一) ············· 14

第9局　黑进炮封车对红右车过河(二) ············· 16

第10局　黑进炮封车对红右车过河(三) ············· 18

第11局　黑进炮封车对红冲中兵 ··················· 20

第12局　红左车过河对黑补左士 ··················· 22

第13局　红左车过河对黑左直车 ··················· 24

第14局　红五六炮对黑进炮封车 ··················· 26

第二节　黑飞右象变例 ··································· 28

第15局　黑左横车对红补右仕(一) ················· 28

第16局　黑左横车对红补右仕(二) ················· 31

第17局　黑左横车对红左车巡河(一) ··············· 33

第18局　黑左横车对红左车巡河(二) ··············· 35

第19局　黑左横车对红左车过河 ··················· 36

第二章　五七炮进三兵对反宫马 ·················································· 39

　第一节　黑飞左象变例 ·························································· 39

　　第20局　黑右炮封车对红弃双兵（一） ·································· 39

　　第21局　黑右炮封车对红弃双兵（二） ·································· 42

　　第22局　黑右炮封车对红弃双兵（三） ·································· 44

　　第23局　黑右炮封车对红弃双兵（四） ·································· 46

　　第24局　黑右炮封车对红弃双兵（五） ·································· 47

　　第25局　黑右炮封车对红弃双兵（六） ·································· 50

　　第26局　黑右炮封车对红弃双兵（七） ·································· 51

　　第27局　黑右炮封车对红弃双兵（八） ·································· 53

　　第28局　黑右炮封车对红弃双兵（九） ·································· 54

　　第29局　黑右炮封车对红弃双兵（十） ·································· 56

　　第30局　黑右炮封车对红弃双兵（十一） ······························ 58

　　第31局　黑右炮封车对红弃双兵（十二） ······························ 59

　　第32局　黑右炮封车对红弃双兵（十三） ······························ 61

　　第33局　黑右炮封车对红弃双兵（十四） ······························ 63

　　第34局　黑右炮封车对红弃双兵（十五） ······························ 66

　　第35局　黑右炮封车对红弃双兵（十六） ······························ 68

　　第36局　黑右炮封车对红弃双兵（十七） ······························ 70

　　第37局　黑右炮封车对红弃双兵（十八） ······························ 72

　　第38局　黑右炮封车对红挺边兵（一） ·································· 74

　　第39局　黑右炮封车对红挺边兵（二） ·································· 77

　　第40局　黑右炮封车对红挺边兵（三） ·································· 79

　　第41局　黑右炮封车对红挺边兵（四） ·································· 80

　　第42局　黑右炮封车对红挺边兵（五） ·································· 82

　　第43局　黑右炮封车对红挺中兵（一） ·································· 84

　　第44局　黑右炮封车对红挺中兵（二） ·································· 86

　　第45局　黑右炮封车对红挺中兵（三） ·································· 87

　　第46局　黑右炮封车对红挺中兵（四） ·································· 88

　　第47局　黑右炮封车对红挺中兵（五） ·································· 90

第48局　黑右炮封车对红挺中兵(六) ……………………… 91

第49局　红挺边兵对黑补左士(一) ………………………… 93

第50局　红挺边兵对黑补左士(二) ………………………… 95

第51局　红挺边兵对黑补左士(三) ………………………… 97

第二节　黑飞右象变例 …………………………………… 99

第52局　黑左横车对红左车巡河(一) ……………………… 99

第53局　黑左横车对红左车巡河(二) ……………………… 101

第54局　黑左横车对红左车巡河(三) ……………………… 103

第55局　黑左横车对红左车巡河(四) ……………………… 104

第56局　黑左横车对红左车巡河(五) ……………………… 105

第三章　五八炮进三兵对反宫马 ………………………… 108

第57局　红左炮过河对黑兑7卒(一) ……………………… 108

第58局　红左炮过河对黑兑7卒(二) ……………………… 111

第四章　中炮直横车进三兵对反宫马 …………………… 113

第一节　黑飞右象变例 …………………………………… 113

第59局　黑飞右象对红左横车 ……………………………… 113

第二节　黑飞左象变例 …………………………………… 116

第60局　黑飞左象对红左横车(一) ………………………… 116

第61局　黑飞左象对红左横车(二) ………………………… 118

第62局　黑飞左象对红左横车(三) ………………………… 120

第63局　黑飞左象对红左横车(四) ………………………… 122

第五章　中炮进三兵对反宫马左横车 …………………… 125

第一节　红左炮过河变例 ………………………………… 125

第64局　红进炮胁卒对黑补架中炮 ………………………… 125

第65局　红进炮胁卒对黑挺3卒(一) ……………………… 127

第66局　红进炮胁卒对黑挺3卒(二) ……………………… 129

第67局　红进炮胁卒对黑挺3卒(三) ……………………… 130

第68局　红进炮胁卒对黑挺3卒(四) ……………………… 131

第二节　红两头蛇变例 …………………………………… 133

第69局　红两头蛇对黑平车右肋(一) ……………………… 133

第70局　红两头蛇对黑平车右肋(二) ……………………… 136

第71局　红两头蛇对黑平车右肋(三) ……………………… 137

第72局　红两头蛇对黑平边炮 ………………………………… 138

第73局　黑左横车对红进边马(一) …………………………… 140

第74局　黑左横车对红进边马(二) …………………………… 142

第75局　红缓开车对黑左横车 ………………………………… 143

第六章　中炮进三兵先锋马对反宫马 ………………………… 146

第一节　黑飞左象变例 …………………………………………… 146

第76局　黑飞左象对红平炮邀兑(一) ……………………… 146

第77局　黑飞左象对红平炮邀兑(二) ……………………… 148

第78局　黑飞左象对红马退窝心 …………………………… 149

第二节　红卸炮瞄马变例 ……………………………………… 150

第79局　黑飞左象对红进马踩卒 …………………………… 150

第三节　其他变例 ……………………………………………… 152

第80局　红跃马河口对黑补左士 …………………………… 152

实战对局选例 …………………………………………………… 155

第1局　河北黄勇(先负)上海胡荣华 ……………………… 155

第2局　吉林李轩(先负)上海林宏敏 ……………………… 157

第3局　广东吕钦(先胜)大连卜凤波 ……………………… 158

第4局　广东吕钦(先胜)四川蒋全胜 ……………………… 160

第5局　广东许银川(先胜)河北阎文清 …………………… 161

第6局　越南阮成保(先胜)菲律宾庄宏明 ………………… 164

第7局　广东许银川(先负)黑龙江赵国荣 ………………… 165

第8局　广东许银川(先胜)上海林宏敏 …………………… 168

第9局　甘肃钱洪发(先负)上海林宏敏 …………………… 169

第10局　江苏徐天红(先胜)深圳汤卓光 ………………… 171

第11局　浙江赵鑫鑫(先负)广东许银川 ………………… 172

第12局　吉林洪智(先胜)湖北李望祥 …………………… 174

第13局　黑龙江赵国荣(先胜)火车头宋国强 …………… 176

第14局　黑龙江赵国荣(先胜)上海胡荣华 ……………… 179

第15局 广东吕钦(先胜)湖北柳大华 …………………… 181

第16局 湖北洪智(先胜)北京张强 …………………… 182

第17局 上海胡荣华(先胜)北京付光明 …………………… 185

第18局 广东许银川(先胜)河北阎文清 …………………… 186

第19局 火车头于幼华(先胜)广东许银川 …………………… 188

第20局 吉林洪智(先负)上海林宏敏 …………………… 190

# 第一章　五六炮边马进三兵对反宫马

五六炮边马进三兵对反宫马,是 20 世纪 80 年代初流行的一种布局阵势,目前还在不断发展中。红方平仕角炮的特点是运用双直车配合六路炮牵制对方,徐图进取,逐步扩大先手;黑方则力求在巩固阵地中争取主动,寻求反击。本章列举了 19 局典型局例,分别介绍这一布局中双方的攻防变化。

## 第一节　黑飞左象变例

### 第 1 局　黑进炮封车对红退马捉炮(一)

1. 炮二平五　马 2 进 3　　2. 马二进三　炮 8 平 6
3. 车一平二　马 8 进 7　　4. 兵三进一　卒 3 进 1
5. 马八进九　象 7 进 5　　6. 炮八平六　…………

至此,形成五六炮边马进三兵对反宫马左象的阵势。红方平仕角炮有利于左翼车马出动,是比较稳健的走法。

6. …………　车 1 平 2　　7. 车九平八　炮 2 进 4

黑方右炮封车,是力争主动的走法。如改走士 6 进 5,则车八进四;炮 2 平 1,车八进五;马 3 退 2,炮五进四,红优。

8. 马九退七　…………

红方退马捉炮,是类似局面下解除封锁的常用手段。

8. …………　炮 2 退 1

黑方退炮骑河,是稳健的走法。如误走炮 2 平 5,则炮五进四"解将还将",黑方丢子。

9. 车二进六　…………

红方进车卒林,准备谋取多兵之势。如改走马三进四,则士 6 进 5;马四进三,车 9 平 8;车二进九,马 7 退 8,红方车路不畅,黑方足可应战。

9. …………　车 9 平 7

黑方平车保马,预作防范。如改走车 9 平 8,则车二平三;炮 6 进 4,相三进一;炮 6 平 7,车三平四;士 6 进 5,红方先手。

10. 车二平三　士6进5　　11. 马三进四　炮6进7

黑方炮轰底仕,展开反击。如改走卒3进1,则马四进五;马3进5,炮五进四;卒3进1,炮五平八,红优。

12. 帅五平四　炮2退2　　13. 炮六进四　卒5进1

14. 炮六进一　炮2平6　　15. 车三平四　车2进9

16. 炮六平三　车2平3

黑方平车吃相,是正确的选择。如改走车7进2,则炮五进三;车2平3,马七进五;车7进3,马四进三;马3进5,车四平五;车7进4,帅四进一,红方多子胜势。

17. 炮三平七　车3平4(图1)

黑如改走车3退1吃马,红则马四进三,红方胜势。

如图1形势下,红方有两种走法:马七退五和炮五退二。现分述如下。

**第一种走法:马七退五**

18. 马七退五　………

红方退马乃失策之着,应以改走炮五退二为宜。

18. ………　车7进5

19. 相三进一　车7进1

黑方进车催杀,紧凑有力,是取胜的要着!如误走车7平8,则马四退三;车8退1,炮七退一,红方有反击之势。

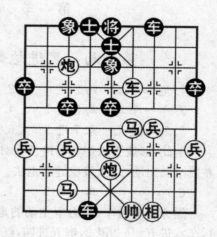

图1

20. 马四进三　车7平8　　21. 炮五平三　………

红方平炮解杀,是无奈之着。如改走马三进一,则士5进6;马一进三,将5进1;车四进一,将5平4,黑方亦呈胜势。

21. ………　车8进1　　22. 炮三退一　车8平5

23. 炮三退一　车5平9

黑方胜势。

**第二种走法:炮五退二**

18. 炮五退二　………

红方退炮,是改进后的走法。

18.·············　车7平6

黑如改走车7进5,红则相三进一;车7平8,马四退六;车8进4,帅四进一;车4退1,炮五进一;车8退1,帅四退一;车4退1,炮七退一;车4平7(如车8平5,则炮七平六,黑方失车),炮五退一,红方胜势。

19.车四进三　将5平6　　20.马七进五　车4退7

21.炮七平五　·············

红方弃炮打象,是取得优势残局的关键着法。如改走炮七进一,则卒3进1;兵七进一,车4平3;兵五进一,卒5进1;炮五进四,车3进3;炮五进二,车3退4;帅四平五,红方多子较优。

21.·············　象3进5　　22.兵五进一　车4进4

23.炮五进一　卒5进1　　24.炮五进三　车4平9

25.帅四平五

红方优势。

## 第2局　黑进炮封车对红退马捉炮(二)

1.炮二平五　马2进3　　2.马二进三　炮8平6

3.车一平二　马8进7　　4.兵三进一　卒3进1

5.马八进九　象7进5　　6.炮八平六　车1平2

7.车九平八　炮2进4　　8.马九退七　炮2退1

9.车二进六(图2)　·············

如图2形势下,黑方有两种走法:炮2退2和士6进5。现分述如下。

**第一种走法:炮2退2**

9.·············　炮2退2

黑方退炮保卒,是稳健的走法。

10.车二进二　·············

红亦可改走车八进四,黑如士6进5,红则兵五进一;车9平7,车二退三,车7平8,车二进六;马7退8,马七进六;炮2进1,马三进四,卒7进1,兵三进一;炮2平7,车八进五,马3退2,炮五进四,马2进3,炮五平七,马8进7,兵五进一,红优。

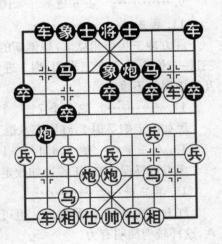

图2

— 3 —

10.·········　　士6进5　　11. 车八进四　炮2平3

黑方平炮兑车,是正确的选择。

12. 车八进五　马3退2　　13. 炮五进四　炮6进4

14. 炮五退二　车9平6

黑如改走卒3进1,红则炮六平七;炮6平3,炮七进二;前炮进3,炮七退四;炮3进6,仕六进五,红方多兵占优。

15. 车二退一　炮3退1　　16. 相七进五　炮6平3

17. 马七进六　·········

红方应以改走车二退二为宜。

17.·········　　车6进4　　18. 马六进七　·········

红方以马踏卒,失算。如改走车二退一,则卒3进1,也是黑方易走。

18.·········　　车6平3　　19. 炮六平七　马7退6

黑方退马轰车,巧得一子。

20. 车二平五　·········

红方掠象求攻,不得已之着。如改走车二退一,则前炮平4,黑方多子占优。

20.·········　　象3进5　　21. 炮七进三　马2进4

22. 马三进四　马6进8　　23. 兵一进一　将5平6

黑方多子占优。

**第二种走法:士6进5**

9.·········　　士6进5　　10. 车二平三　车9进2

11. 兵三进一　·········

红方冲三兵弃相兑车,是创新的走法。以往多走马三进四,则炮6退2;兵三进一,炮6平7;车三平四,炮7进4;炮六进四,车9平8;车八进三,车8进3,互缠中黑方不难走。

11.·········　　炮2平7　　12. 车八进九　马3退2

黑如改走炮7退2,红则车八退五;象5进7,兵七进一,红方稍优。

13. 车三平四　炮7进4　　14. 仕四进五　马2进3

黑方进马保中卒,正着。如改走炮7退5,则炮五进四,红方易走。

15. 兵三进一　·········

红方冲兵逼马,保留实力。也可改走兵五进一,黑如炮7退5,红则马七进六,这样较为简明有力。

15.·········　　马7退9　　16. 马三进二　车9平8

17. 车四退二　车 8 进 2　　18. 车四平三　…………

红方平车捉炮，略嫌缓。不如改走炮六进六积极有力。

18. …………　炮 7 退 6　　19. 炮六进六　…………

红如改走炮五平二，黑则炮 6 平 7；车三平四（如炮二进三，则后炮进 3，黑方易走），车 8 平 7；车四进二，车 7 进 5；仕五退四，车 7 平 8，黑优。

19. …………　炮 7 平 8　　20. 炮五平二　…………

红如改走炮六平一，黑则炮 8 进 2；炮一进一，炮 8 进 4，也是黑优。

20. …………　车 8 平 4　　21. 炮六平一　炮 8 进 4

22. 车三退二　炮 8 进 2　　23. 炮一进一　车 4 平 7

黑方兑车简化局势，是稳健的走法。

24. 车三进三　象 5 进 7　　25. 马七进六　马 3 进 4

26. 马六进七　象 7 退 5

黑方多象占优。

## 第 3 局　黑进炮封车对红退马捉炮（三）

1. 炮二平五　马 2 进 3　　2. 马二进三　炮 8 平 6

3. 车一平二　马 8 进 7　　4. 兵三进一　卒 3 进 1

5. 马八进九　象 7 进 5　　6. 炮八平六　车 1 平 2

7. 车九平八　炮 2 进 4　　8. 马九退七　炮 2 退 1

9. 兵九进一　士 6 进 5

10. 车八进三　炮 6 进 4

黑方进炮，是常用的战术手段。

11. 马七进九　卒 3 进 1

黑方进 3 卒，是上一回合炮 6 进 4 的后续手段。

12. 炮六平七（图 3）　…………

如图 3 形势下，黑方有三种走法：卒 3 进 1、车 2 进 4 和车 9 平 8。现分述如下。

**第一种走法：卒 3 进 1**

12. …………　卒 3 进 1

13. 车八进一　车 2 进 5

14. 马九进八　卒 3 进 1

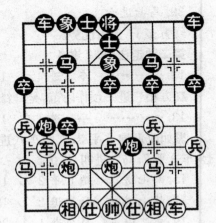

图 3

15. 车二进七　卒3平4　　16. 炮五平四　炮6平7

黑如改走车9平7保马,红则马三进四;炮6平7,马八进七;卒5进1,马四进六;炮7平6,车二进一;马3退1,马七进九;象3进1,马六进八,黑方难以应付。

17. 仕四进五　…………

红如改走相三进五,黑则卒4平5;相七进五,车9平6;仕四进五,车6进6(如车6进2,则车二退四;车6进4,马八退七;马3进2,马三退二,再马二进一,红方得子);车二平三,炮7平5;帅五平四,车6平7;马三退二,炮5平2,黑方弃子争先。

17. …………　车9平8　　18. 车二平三　炮7进3

19. 仕五进六　车8进6　　20. 炮四平五　车8平7

21. 马三退五　车7退1　　22. 车三平二　…………

红方平车占据要道,是老练之着。

22. …………　炮7平9　　23. 马五进七　卒7进1

24. 马八进七　车7进4　　25. 帅五进一　车7退3

26. 后马进六　卒7进1

黑如改走炮9平3打相,红则帅五平四;士5退6,马七进五,黑方立即崩溃。

27. 相七进九　卒7平6　　28. 马六进八　马3退1

29. 马七进六

红方多子,大占优势。

**第二种走法:车2进4**

12. …………　车2进4　　13. 相三进一　…………

红方相三进一预作防范,是针锋相对之着。

13. …………　卒3进1　　14. 马九进七　马3进4

黑如改走炮2平3,红则车八进二;马3进2,炮七进二;马2进3,车二进七;车9平7,马三进四,红优。

15. 马七进八　炮6平2　　16. 马八进六　士5进4

17. 炮七进四　后炮退2　　18. 炮七平九　后炮平3

19. 车二进五　卒7进1　　20. 车二进二　车9平7

21. 兵三进一　马4进2　　22. 车二退三　马2退1

23. 车二平七　马1退2　　24. 兵三进一　炮2退3

25. 兵三进一　　炮 2 平 4　　　　26. 车七平六　　车 7 进 2

27. 马三进二　　车 7 进 2　　　　28. 车六进二

红方优势。

**第三种走法：车 9 平 8**

12. ┄┄┄┄┄┄┄　车 9 平 8

黑方兑车，是常见的走法。

13. 车二进九　　马 7 退 8　　　　14. 车八退二　　┄┄┄┄┄┄┄

红方退车，是改进后的走法。除此之外，还有两种走法：

①炮七进二，炮 2 平 7；车八进六，炮 7 进 4；帅五进一，马 3 退 2；马三进二，炮 7 退 4，红虽稍优，但难取胜。

②马三进二，卒 7 进 1；车八退二，卒 7 进 1；马二进三，炮 2 进 1；兵七进一，马 3 进 4；兵七进一，马 4 进 5；炮七进一，马 5 退 6；车八平二，马 8 进 6；马三进四，炮 6 退 5；车二进八，炮 6 退 1；炮五平一，马 6 进 8，黑优。

14. ┄┄┄┄┄┄┄　炮 2 平 7　　　　15. 车八平四　　炮 6 退 4

16. 兵七进一　　车 2 进 4　　　　17. 马九进七　　┄┄┄┄┄┄┄

红如改走相三进一，黑则炮 7 平 1；车四平二，马 8 进 7；车二进五，卒 7 进 1；车二平三，马 7 退 6；炮五进四，马 3 进 5；车三平五，车 2 进 3；炮七平五，卒 1 进 1；兵五进一，象 5 退 7；兵五进一，炮 6 平 3；车五平七，炮 3 平 5；相一退三，卒 7 进 1；车七退一，炮 1 进 1；车七平九，车 2 退 1；炮五进五，象 7 进 5；相三进五，车 2 平 6；兵七进一，卒 7 进 1；马三退一，马 6 进 7，黑方易走。

17. ┄┄┄┄┄┄┄　炮 7 进 4　　　　18. 仕四进五　　车 2 平 8

19. 兵七进一　　象 5 进 3　　　　20. 马七进八　　象 3 退 5

21. 炮七进七　　象 5 退 3　　　　22. 马八进七　　马 8 进 9

23. 炮五进四　　将 5 平 6　　　　24. 炮五平七　　象 3 进 1

25. 炮七平八　　炮 7 平 9　　　　26. 仕五进六

红方优势。

### 第 4 局　黑进炮封车对红退马捉炮（四）

1. 炮二平五　　马 2 进 3　　　　2. 马二进三　　炮 8 平 6

3. 车一平二　　马 8 进 7　　　　4. 兵三进一　　卒 3 进 1

5. 马八进九　　象 7 进 5　　　　6. 炮八平六　　车 1 平 2

7. 车九平八　　炮 2 进 4　　　　8. 马九退七　　炮 2 退 1

9.兵九进一　士6进5　　10.车八进三(图4) ···········

如图4形势下,黑方有两种走法:车9平7和卒9进1。现分述如下。

**第一种走法:车9平7**

10. ··········　车9平7

黑如改走车9平8,红则车二进九;马7退8,马七进九;炮2退1,车八进一,红方先手。

11.车二进三　炮2退1

12.马三进四　炮6进2

黑方进炮顶马,是坚守待变的走法。如改走炮6进7,则帅五平四;车7平6,车八进一;马3进4,车二平四,红方多子占优。

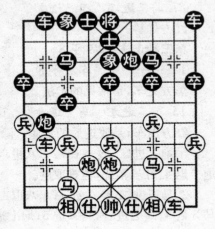

图4

13.车八进一　炮2退1　　14.马七进九　炮2平4

15.车八进五　马3退2　　16.炮六平七　车7平6

17.马九进八 ··········

红方进马助攻,是保持主动的紧要之着。如改走仕四进五,则炮6平5,红方优势受挫。

17. ··········　马2进3

黑如改走炮6进5,红则马八进六;卒5进1(如炮6退1,则炮五平四),马四进三,红优。又如改走炮6平5,则马四进五,也是红方多兵易走。

18.兵七进一　炮6进5　　19.兵七进一　车6进5

20.炮七进五　炮4退1

黑如改走车6平2,红则帅五平四;炮4退1,兵七进一,红亦大占优势。

21.马八进六　车6退1　　22.仕六进五　炮6退1

23.炮七平八

红方优势。

**第二种走法:卒9进1**

10. ··········　卒9进1

黑方挺边卒,是改进后的走法。

11.炮六平七 ··········

红方平炮，预作防范。如改走马七进九，则炮2平3；车八进六，炮3进4；仕六进五，马3退2；马九进八，马2进3；马三进四，车9平6；马四进六，车6平8；车二进九，马7退8；兵五进一，马8进6；马六进七，炮6平3；炮六进六，士5进4；马八进六，后炮平1；炮六平九，炮1平2；帅五平六，炮2进7；帅六进一，炮3平7；马六退四，炮2平5；炮九进四，将5平6；炮九平八，炮7退1；帅六退一，炮5退4，黑方净多两象，残局阶段易走。

| | | | |
|---|---|---|---|
| 11. …………… | 卒9进1 | 12. 马七进九 | 炮2退1 |
| 13. 车八进一 | 卒9进1 | 14. 兵七进一 | 车9进4 |
| 15. 炮七进一 | 马3进4 | 16. 兵七进一 | 马4进3 |
| 17. 马九进七 | 车9平3 | 18. 马七进五 | 车3进5 |
| 19. 马三进一 | 车2进2 | 20. 马五进六 | 车3退6 |
| 21. 马一进二 | 车3平4 | 22. 马二进三 | 象5退7 |
| 23. 车二进五 | 车2平4 | 24. 仕四进五 | 炮2平5 |
| 25. 车八平五 | 前车进3 | 26. 车二退二 | 后车进3 |
| 27. 车五平六 | 车4退1 | 28. 炮五进三 | 卒5进1 |

黑方优势。

## 第5局　黑进炮封车对红退马捉炮（五）

| | | | |
|---|---|---|---|
| 1. 炮二平五 | 马2进3 | 2. 马二进三 | 炮8平6 |
| 3. 车一平二 | 马8进7 | 4. 兵三进一 | 卒3进1 |
| 5. 马八进九 | 象7进5 | 6. 炮八平六 | 车1平2 |
| 7. 车九平八 | 炮2进4 | 8. 马九退七 | 炮2退1 |
| 9. 兵九进一 | 车9平8 | | |

黑方兑车，是改进后的走法。

10. 车二进九　马7退8　　11. 车八进三　…………

红如改走马七进九，黑则炮2进3；马三进四，士6进5；马四进五，马3进5；炮五进四，马8进6；炮五退二，车2进7；炮六平一，马6进8；相七进五，车2退4；仕六进五，卒7进1；车八平六，卒7进1；相五进三，炮2退2；车六进四，马8进6；帅五平六，马6进5；兵五进一，红方易走。

11. …………　炮6进4（图5）

黑方进炮过河，是争得对抗之势的关键之着。

如图5形势下，红方有两种走法：炮六进一和马七进九。现分述如下。

**第一种走法：炮六进一**

12.炮六进一 ··········

红方进炮兑炮，继续贯彻稳扎稳打的战术。

12.·········· 炮6平4

13.马七进六 马8进6

14.兵七进一 卒3进1

15.马六进八 卒3平2

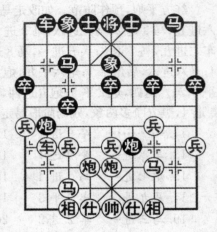

图5

黑方平卒吃马，是保持变化的走法。如改走车2进5，则车八进一，卒3平2，马三进四；卒2平1，炮五平一，卒7进1，兵三进一；象5进7，炮一进四，黑方虽多卒，但兵种不全，易成和势。

16.车八平七 马3进4 17.车七平六 ··········

红方平车捉马，似不如改走车七进三谋卒更为简明。

17.·········· 车2进4 18.车六进一 士6进5

19.炮五退一 卒2平1

黑方平卒吃兵诱使红车平边，再乘机跃马拦车抢占要津，是迅速反夺主动权的巧妙之着。

20.车六平九 马4进2 21.车九退一 车2平6

22.车九平八 马2退3 23.车八退一 马3进4

24.炮五平八 马6进8 25.仕六进五 卒7进1

黑方多卒易走。

**第二种走法：马七进九**

12.马七进九 卒3进1 13.炮六平七 ··········

红如改走车八退三，黑则炮6平7；兵七进一，炮2进3；马三退五，马8进6；马五进七，马3进4；炮六退一，马4进6；炮五平四，后马进8；炮六平四，马6进4；仕六进五，炮2退2；相七进五，红方稍优。

13.·········· 卒3进1 14.车八进一 车2进5

15.马九进八 卒3进1 16.马八退七 ··········

红如改走马三进四，黑则卒3平4；炮五平一，马8进7；仕四进五，炮6平8；仕五进六，炮8退1；马八进六，马3进4；马四进六，卒7进1，兵三进一，象5

进7,双方呈均势。

16.………… 炮6平7　　17.马三退五　卒7进1

黑方兑7卒,正着。

18.兵三进一　象5进7　　19.马七进六　马8进7

20.马五进七　马3进4　　21.炮五退一　象7退5

22.炮五平九　炮7退1

双方均势。

## 第6局　黑进炮封车对红退马捉炮(六)

1.炮二平五　马2进3　　2.马二进三　炮8平6

3.车一平二　马8进7　　4.兵三进一　卒3进1

5.马八进九　象7进5　　6.炮八平六　车1平2

7.车九平八　炮2进4　　8.马九退七　炮2进2

黑方进炮封车,是一种不甘示弱的走法。

9.兵五进一　…………

红方进中兵,伺机从中路给黑方施加压力。

9.………… 士6进5(图6)

如图6形势下,红方有两种走法:兵五
进一和马七进六。现分述如下。

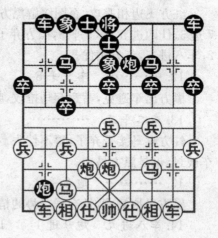

图6

**第一种走法:兵五进一**

10.兵五进一　…………

红方弃中兵,是急攻的走法。如改走
马三进四,则炮2退3;马四进五,马3进5;
炮五进四,炮6进4;车二进三,炮6平1,黑
方反占先手。

10.………… 卒5进1

11.炮六进六　马3进4

12.车二进三　炮2退3

黑方退炮骑河,着法有力。

13.仕四进五　车9平8

14.车二平六　炮6进2

15.车六进一　…………

红如改走马三进四,黑则车8进9,下伏炮2平5攻杀,红方难应。

15.…………　卒3进1　　16.车六平七　车8进6

黑方优势。

**第二种走法:马七进六**

10.马七进六　………

红方进马,是稳健的走法。

10.…………　炮6进4

黑方进炮兵线,既可平7压马或平3打兵,又可畅通左车出路,一举两得。如改走炮2退2,则马六进四;卒3进1(如炮6进2,则车二进七;车9平7,炮六进四;马7退6,马三进二;炮2退1,兵三进一;炮6平4,兵三进一;炮2平6,车八进九;马3退2,炮五平三;车7平9,马二进四;卒5进1,兵五进一;炮4平6,兵五平四,红方弃子,有攻势),兵五进一;卒5进1,炮六进六;马7退6,马四进三;炮6进1,双方各有顾忌。

11.车二进七　………

红方进车捉马,是谋取实利的走法。如改走车二进三,则车9平6;仕四进五,炮6平7;马六进四,炮2平3,黑方反占先手。

11.…………　炮6平7　　12.相三进一　………

红方飞边相避攻,企图缓解黑方攻势。应改走马六退四(如车二平三,则炮7进3;仕四进五,车9平8,黑方弃子,有强大攻势),车9平7;仕四进五,炮2退2;车八进二,红方稍优。

12.…………　车9平8

黑方出车避兑,蓄意弃马抢攻,颇具胆识。

13.车二平三　………

红方吃马接受弃子,得不偿失。如改走车二进二兑车,则马7退8,红方左车被封,也是黑方易走。

13.…………　炮2平9

黑方平炮侧袭,是弃子夺势的精华所在。

14.车八进九　炮9进1　　15.仕四进五　车8进9

16.仕五退四　车8退7

黑方退车抽将吃红方右车,构思巧妙!

17.仕四进五　车8平7　　18.车八退五　………

红如改走车八退二捉马,黑则车7平8;车八平七,车8进7;仕五退四(如马三退四,则炮 7 平 5,黑方速胜),车 8 退 1;仕四进五,车 8 平 6,下伏炮 7 平 8 的绝杀手段。

18.⋯⋯⋯⋯⋯　车 7 平 8

黑方弃子有攻势。

## 第 7 局　黑进炮封车对红退马捉炮(七)

1. 炮二平五　马 2 进 3　　2. 马二进三　炮 8 平 6
3. 车一平二　马 8 进 7　　4. 兵三进一　卒 3 进 1
5. 马八进九　象 7 进 5　　6. 炮八平六　车 1 平 2
7. 车九平八　炮 2 进 4　　8. 马九退七　炮 2 进 2(图 7)

如图 7 形势下,红方有两种走法:马三进四和车二进六。现分述如下。

**第一种走法:马三进四**

9. 马三进四　⋯⋯⋯⋯

红方进马威胁黑方中卒,是稳健的走法。

9.⋯⋯⋯⋯⋯　士 6 进 5

黑如改走车 9 进 1,红则仕四进五;车 9 平 2,车二进六;前车进 4,马四进五;炮 2 退 1,车八进二;前车进 2,马五进三;前车退 4,马七进六,红方大占优势。

10. 马四进五　⋯⋯⋯⋯

红方马吃中卒,是谋取实利的走法。

10.⋯⋯⋯⋯⋯　马 3 进 5

11. 炮五进四　炮 6 进 4

12. 炮五退二　⋯⋯⋯⋯

红如改走炮五退一,黑则车 9 平 6;炮六进五(如车二进七,则车 6 进 4;炮六平五,马 7 退 6;车二退四,炮 6 平 3;兵五进一,卒 3 进 1,黑方可以满意),马 7 进 5;炮六进一,马 5 退 3;马七进五,车 2 进 5;仕六进五,马 3 进 4,双方对峙。

12.⋯⋯⋯⋯⋯　车 9 平 8　　13. 车二进九　马 7 退 8

14. 炮六进一　⋯⋯⋯⋯

红如改走相七进五,黑则马 8 进 7;炮六进一,炮 6 退 3;炮六退二,炮 6 进

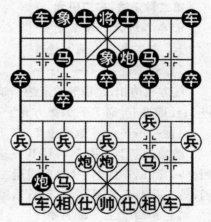

**图 7**

5;车八进一,车2进8;炮六平八,炮6平2,双方大体均势。

14.‥‥‥‥‥‥　炮6平4　　15.马七进六　卒3进1

黑方弃卒,是简化局势的佳着。

16.兵七进一　车2进6　　17.马六退五　‥‥‥‥‥‥

红如改走相七进五,黑则车2平4;车八进一,车4平5;炮五平四,马8进6,双方局面平稳。

17.‥‥‥‥‥‥　车2平5　　18.炮五进四　士4进5

19.车八进一　马8进6　　20.兵九进一　马6进5

21.相三进五

红方略优。

**第二种走法:车二进六**

9.车二进六　车9平8

10.车二平三　炮6进4

11.相三进一　‥‥‥‥‥‥

红方飞边相,是稳健的走法。如改走车三进一,则炮6平7;车三平四,炮7进3;仕四进五,炮7平9,黑方弃子有攻势。

11.‥‥‥‥‥‥　炮6平7　　12.车三平四　车8进4

黑如改走士6进5,红则兵三进一;炮7平3,兵三进一,炮2退5,炮六进四;马7退6,车四退一(如车四退二,则车8进4;马三进二,卒3进1;马二进四,马3进4;车四退三,车8平7,黑优)卒3进1,马三进四,双方对峙。

13.车四退三　车8平4　　14.炮六进一　马7进8

15.炮五平六　车4平5　　16.马七进五　炮2退1

17.马五进三　炮2平7　　18.车八进九　马3退2

19.炮六平五　车5平4　　20.兵五进一　车4进1

21.仕四进五

红方优势。

## 第8局　黑进炮封车对红右车过河(一)

1.炮二平五　马2进3　　2.马二进三　炮8平6

3.车一平二　马8进7　　4.兵三进一　卒3进1

5.马八进九　象7进5　　6.炮八平六　车1平2

7.车九平八　炮2进4　　8.车二进六　‥‥‥‥‥‥

红方进车过河,是急攻型的走法。

8．…………　车9平7(图8)

黑方平车保马,以逸待劳。如改走士6
进5,则车二平三;车9进2,炮五进四,红方
多兵,易走。

如图8形势下,红方有两种走法:车二
平三和马九退七。现分述如下。

**第一种走法:车二平三**

9．车二平三　…………

红方平车压马,嫌软。

9．…………　炮6进4

黑方进炮反击,正着。

10．车三平四　炮6平7

11．相三进一　士6进5

12．兵三进一　车7平6

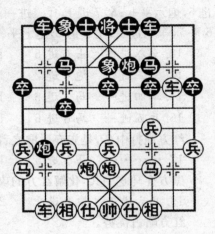

图8

黑方平车邀兑,是化解红方攻势的巧着。如改走马3进4,则车四退三;炮
7平5,仕四进五;车7平6,车四平三,红方易走。

13．车四进三　马7退6　　14．兵九进一　…………

红方弃兵,活通马路。如改走兵三进一,则马3进4,黑方子力灵活,易走。

14．…………　象5进7

黑方飞象,是简明的走法。

15．炮六平七　象7退5　　16．兵七进一　马3进4

17．兵七进一　马4进6　　18．炮五平六　后马进7

正着。如改走象5进3,则炮七进一;炮7平3(如马6进7,则车八进三),
马三进四,红优。

19．车八进一　马7进8　　20．相一进三　卒5进1

21．马九退七　车2进5　　22．炮七平九　炮2进1

23．马七进五　马6进5　　24．相三退五　马8进6

黑方子力灵活,已呈反先之势。

**第二种走法:马九退七**

9．马九退七　…………

红方退马捉炮,以后有冲中兵再马七进六的后续走法。

9.⋯⋯⋯⋯ 炮2退3

黑方退炮至卒林线,是改进后的走法。如改走炮2退1,则炮六进四;士6进5,炮六平七;卒7进1,兵三进一;马7进6,兵三平四;车7进7,兵四平五;炮6平7,车二进三;士5退6,炮七平一;炮7进7,仕四进五,对攻中红方易走。

10.车八进四　士6进5　　11.车二进二　卒9进1

12.马三进四　炮6进2　　13.车二平四　车7平6

14.车四进一　马7退6　　15.马七进六　马6进8

16.兵五进一　马8进6　　17.炮五进四　⋯⋯⋯⋯

红方炮打中卒,是先弃后取之着。

17.⋯⋯⋯⋯ 马3进5　　18.兵五进一　马6进5

黑方弃马吃中兵,化解红方的攻势,正着。

19.马六进五　炮2进1　　20.马四退六

红方略占优势。

## 第9局　黑进炮封车对红右车过河(二)

1.炮二平五　马2进3　　2.马二进三　炮8平6

3.车一平二　马8进7　　4.兵三进一　卒3进1

5.马八进九　象7进5　　6.炮八平六　车1平2

7.车九平八　炮2进4　　8.车二进六　车9平8

9.车二平三　⋯⋯⋯⋯

红方平车吃卒,容易招致黑方反击。

9.⋯⋯⋯⋯ 炮6进4　　10.车三平四　⋯⋯⋯⋯

正着。如改走车三进一,则炮6平7;车三平四,炮7进3;仕四进五,炮7平9,黑方弃子占势,易走。

10.⋯⋯⋯⋯ 炮6平7　　11.相三进一　士6进5(图9)

如图9形势下,红方有两种走法:仕四进五和车四退三。现分述如下。

**第一种走法:仕四进五**

12.仕四进五　⋯⋯⋯⋯

红如改走兵三进一,黑则车8平6;车四进三,马7退6;车八进二,马3进4,黑方子力活跃,易走。

12.⋯⋯⋯⋯ 车8平6

13.车四进三　将5平6

14. 马九退七　炮2进2

15. 炮六进一　炮7平4

黑如改走马7进8,红则炮六平三;马8进7,炮五平四;将6平5,马七进五,双方局势平稳。

16. 马七进六　马3进4

17. 炮五平四　将6平5

18. 炮四退一　马4进3

19. 兵三进一　••••••••••

红如改走炮四平八,黑则马3进2;车八平九,卒3进1,黑方优势。

19. ••••••••••　象5进7

20. 马六进七　炮2退1

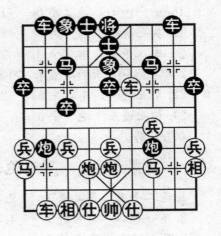

图9

黑方退炮,暗伏平中叫将抽车,是灵活有力的走法。如改走车2进4,则炮四平八;马3进2,帅五平四,黑无后续手段。

21. 相七进五　马3进5　　22. 仕五进六　马5退7

23. 相一进三　车2进4　　24. 炮四平三　••••••••••

红如改走马七退六,黑则车2平4;马六退八,车4进3,黑方占优势。

24. ••••••••••　车2平3　　25. 车八进二　车3进1

黑方进车捉相,连消带打,是解救前马的有力手段。

26. 仕六退五　车3平7　　27. 车八平四　象7退5

黑方优势。

**第二种走法:车四退三**

12. 车四退三　炮7平8

黑如改走马7进8,红则兵三进一;象5进7,马九退七;炮2进2,炮六平七,下一步有兵七进一的先手,红方易走。

13. 兵九进一　马3进4

黑如改走卒3进1,红则炮六平七,红方易走。

14. 仕六进五　卒3进1　　15. 兵三进一　象5进7

16. 兵七进一　••••••••••

红方吃卒兑车,明智之举。如改走炮六平七,则象7退5;炮七进二,车2进3,黑方易走。

- 17 -

16. …………　炮2平6　　17. 车八进九　象7退5

18. 兵七进一　马4进5　　19. 车八退五　车8进4

20. 车八平五　车8平3　　21. 马三进五　卒5进1

好棋！运用先弃后取战术，夺回一子。

22. 车五进一　车3平5　　23. 炮五进三　炮8平5

24. 相七进五　炮5平9

双方均势。

## 第10局　黑进炮封车对红右车过河(三)

1. 炮二平五　马2进3　　2. 马二进三　炮8平6

3. 车一平二　马8进7　　4. 兵三进一　卒3进1

5. 马八进九　象7进5　　6. 炮八平六　车1平2

7. 车九平八　炮2进4　　8. 车二进六　车9平8

9. 车二进三　…………

红方兑车，是稳健的走法。

9. …………　马7退8　　10. 车八进一(图10)　…………

红方高车准备右移，是紧凑有力的走法。

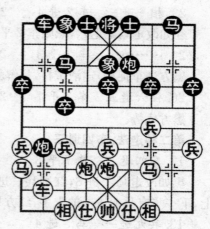

如图10形势下，黑方有四种走法：车2进1、车2进3、马8进7和士4进5。现分述如下。

**第一种走法：车2进1**

10. …………　车2进1

黑方高车，意在策应左翼。如改走士6进5，则车八平二；马8进7，炮六平八；炮2平5，马三进五，车2进7，车二进五，红方大占先手。

11. 炮六进一　…………

红方升炮胁炮再跃马，是取势佳着。

11. …………　炮2进1

12. 马三进四　士4进5

13. 兵九进一　马8进7

**图10**

14.炮五平三　炮6进2

15.相三进五　炮2退3

黑如改走炮2退4,红则炮三进四,马3进2,炮三平八;车2进2,炮六进二,红优。

16.车八进三

红方易走。

**第二种走法:车2进3**

10.…………　车2进3

黑方升车卒林,是含蓄有力的走法。

11.炮六进一　…………

红方进炮逼黑炮撤离兵线,是灵活之着。如改走车八平四,则士6进5;车四进三,马8进6;仕四进五,马6进8;兵七进一,车2进1,双方局势平稳。

11.…………　炮2退2

黑方退炮河口,是改进后的走法。黑如改走炮2进1,红则马三进四,马8进6,车八平二;卒5进1,炮五进三;士4进5,炮六进五;车2平6,炮六平四;炮6进3,炮五平二,黑方难应。

12.车八进三　马8进6　　13.马三进四　炮6平7

14.炮六进一　卒5进1

黑方挺中卒畅通车路,且下伏平车捉马的反击手段。

15.相三进一　炮7平8　　16.仕四进五　车2平6

17.马四退三　炮8退1

黑方退炮为马6进8创造条件,并且以后有平炮胁车的手段。

18.兵九进一　卒7进1

黑方弃卒,下伏马6进8先弃后取的手段,着法灵活。

19.炮六退二　…………

红方退炮,正着。如改走兵三进一,则马6进8,黑方攻守两利。

19.…………　卒7进1　　20.车八平三　马6进7

黑方可以满意。

**第三种走法:马8进7**

10.…………　马8进7　　11.车八平二　…………

红方应以改走车八平四,士6进5,车四进三为宜。

11.…………　车2进5

黑方进车骑河捉兵,攻击点准确,是争先取势的要着。

12. 车二平八　士6进5　　13. 仕四进五　车2退1
14. 炮六进四　炮6进6　　15. 车八进一　炮6退2
16. 炮六平三　炮6平3　　17. 车八平六　炮3平9
18. 车六进四　炮9进3　　19. 仕五退四　车2进1

黑方子力灵活,反夺主动权。

**第四种走法:士4进5**

10. ··········　士4进5

黑方补士,是稳健的走法。

11. 车八平二　马8进9　　12. 兵九进一　··········

红如改走炮六平八,黑则炮2平5;马三进五,车2进7;车二进六,象5退7;马五进四,象3进5;马四进五,象7进5;车二平一,马3进4,黑优。

12. ··········　车2进3　　13. 车二平七　··········

红车左移,准备兑七兵活通车路。如改走仕四进五,黑则车2平4;车二进六,象5退7;马九退七,炮2退4;马三进四,车4平2;兵三进一,马3进4;车二退三,马4进6;车二平四,卒7进1;车四进二,象3进5,双方均势。

13. ··········　车2平4

黑如改走卒7进1,红则兵三进一;车2平4,仕六进五;炮6平7,兵七进一;车4进3,兵七进一;炮2平5,车七进一;象5进3,相三进一;炮7进5,炮六平三;象3进5,马九进八;车4退1,车七进一;车4平2,车七平五;象5进7,炮五进四;马3进5,车五进三,双方和势。

14. 仕六进五　车4进2　　15. 车七平八　炮2退2
16. 车八进三　车4平2　　17. 马九进八　卒7进1
18. 兵三进一　炮2平7　　19. 马三进四　炮7平6
20. 马四进二　马9进7　　21. 炮六进四　马7进6
22. 马二退四　后炮进3

双方均势。

## 第11局　黑进炮封车对红冲中兵

1. 炮二平五　马2进3　　2. 马二进三　炮8平6
3. 车一平二　马8进7　　4. 兵三进一　卒3进1
5. 马八进九　象7进5　　6. 炮八平六　车1平2

7. 车九平八　炮2进4　　8. 兵五进一　⋯⋯⋯⋯⋯

红方冲中兵，是新的尝试。

8. ⋯⋯⋯⋯⋯　士6进5　　9. 兵九进一　⋯⋯⋯⋯⋯

红如改走马九退七，黑则炮2退1；仕六进五，车9平8；车二进九，马7退8；相三进一，炮6进4；马七进六，炮6平7；兵五进一，炮2进1；兵七进一，卒3进1；兵五进一，卒3进1；马六退四，卒3平4；炮六退二，马3进5；马四进五，马5进6；马三退二，炮2进1；马五进六，炮7平5；马六退七，炮2进1；马二进四，炮5退3；马四进三，马8进6，黑方多卒占优。

9. ⋯⋯⋯⋯⋯　卒7进1

黑方进卒，活通马路。如改走车9平8，则车二进九；马7退8，车八进一，红方易走。

10. 兵三进一　象5进7(图11)

如图11形势下，红方有两种走法：车二进六和车二进四。现分述如下。

**第一种走法：车二进六**

11. 车二进六　炮6平5

12. 仕四进五　炮5进3

13. 车二退二　卒5进1

14. 兵七进一　卒3进1

15. 炮六平七　马3退1

16. 车二进三　车9平7

17. 马三进五　卒3平4

18. 马五进三　马7进5

19. 车二退四　象7退5

20. 马三退四　马5进3

黑方进马保炮，抢先之着。

21. 炮七进二　炮5平3

22. 车二平八　车2进6

23. 车八进三　炮3进2

黑方大占优势。

**第二种走法：车二进四**

11. 车二进四　马7进6

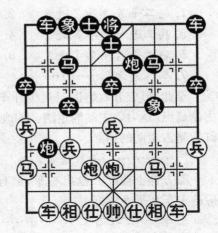

图11

12. 兵五进一　卒5进1

13. 车二平八　车2进5　　14. 马九进八　卒3进1

黑方进3卒,是必然之着。

15. 车八进三　卒3平2　　16. 车八进一　象7退5

17. 马三进二　马3进4

黑方进马捉车,力争主动。

18. 车八平六　马6进8　　19. 车六平二　车9平7

20. 车二平六　马4退3　　21. 兵七进一　车7进6

22. 炮五退一　车7平9　　23. 兵七进一　车9平3

24. 兵七平六　卒5进1　　25. 车六平五　马3进4

黑方易走。

## 第12局　红左车过河对黑补左士

1. 炮二平五　马2进3　　2. 马二进三　炮8平6

3. 兵三进一　卒3进1　　4. 马八进九　象7进5

5. 炮八平六　车1平2　　6. 车九平八　马8进7

7. 车八进六　••••••••••

至此,形成五六炮进三兵缓开车对反宫马左象的阵势。红方左车过河,抢占制高点,是力争主动的走法。如改走车一平二,黑则炮2进4;马九退七,形成红方略占主动的局面。

7. ••••••••••　士6进5

黑方补士被红方抢出右车,似有不妥。应改走车9平8较好。

8. 车一平二(图12)　••••••••••

如图12形势下,黑方有两种走法:炮2平1和炮6进1。现分述如下。

**第一种走法:炮2平1**

8. ••••••••••　炮2平1

9. 车八进三　马3退2

10. 炮五进四　马2进3

11. 炮五平七　卒1进1

12. 兵五进一　••••••••••

红方兑车后净多中兵,先手渐趋扩大。

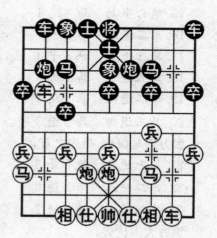

图 12

12. ………… 车9平8

黑如改走炮1进4,红则车二进六,红亦占优。

13. 车二进九 马7退8　　14. 炮六进六 …………

红方进炮塞象眼发起攻击,令黑方顿感难应对。

14. ………… 马3进5　　15. 兵五进一 马5退7

16. 炮六平九 炮6退1

黑如改走炮1进4,红则炮九退五;卒1进1,炮九平八;卒1进1,炮八进三;卒1进1,兵五进一,也是红方占优。

17. 炮九进一 卒7进1　　18. 兵三进一 象5进7

19. 马九退七 炮6进5　　20. 马七进六 象7退5

21. 马三进四 马8进6　　22. 马四进六 士5进4

黑方撑士保象,出于无奈。如改走马6进7,则兵五进一,黑方形势立即崩溃。

23. 炮七平六 炮6平8　　24. 兵一进一 炮1退1

25. 仕六进五 士4退5　　26. 相七进五 炮1进2

27. 炮六平八 马6进7　　28. 前马进七 炮8退3

29. 兵五进一

红方大占优势。

**第二种走法:炮6进1**

8. ………… 炮6进1　　9. 车八退二 …………

红方退车,正着。如改走炮六进四,则炮6平4;车八平六,炮2进5,双方呈均势。

9. ………… 炮2平1　　10. 车八平四 炮6退3

11. 兵九进一 …………

红方挺边兵活通马路,是重要之着。否则被黑方走到卒1进1后,红方无便宜可占。

11. ………… 车2进6

黑如改走车2进4,红则仕四进五;炮6平7,炮五平四;卒7进1,兵三进一;炮7进4,相三进五;车9平7(如马3进4,则车四平六;马7进6,炮六进三;马6进4,炮六平八;马4退2,马三进四,红优),马三进二;车7平8,炮四平二;车8平6,车二平四;车6进5,车四进四,红方先手。

12. 车二进六 马3进2　　13. 车四平八 车2退1

14. 马九进八　车9平8　　15. 车二进三　马7退8

16. 炮五进四　炮1进3　　17. 相三进五　马8进7

18. 炮五平八　马7进5　　19. 炮六平八　炮6进4

20. 炮八平三　马2退3　　21. 马八进九　马3进1

22. 炮三平九

红方多兵易走。

# 第13局　红左车过河对黑左直车

1. 炮二平五　马2进3　　2. 马二进三　炮8平6

3. 兵三进一　卒3进1　　4. 马八进九　象7进5

5. 炮八平六　车1平2　　6. 车九平八　马8进7

7. 车八进六　车9平8　　8. 马三进四 ··········

红如改走车一平二,黑则车8进9;马三退二,炮2平1;车八进三,马3退2;炮五进四,士6进5;兵九进一,炮6进5;炮五平八,炮6平1;相七进九,马2进3;炮八平七,马7进5;炮六进六,士5进6;兵五进一,马5进4;炮六退三,炮1退1;炮六平五,士4进5;炮七平一,炮1进4;兵七进一,卒3进1;相九进七,马4进3;相七退九,前马退2;相九进七,马2进3;炮一退二,后马进4;马二进三,马4进3,黑方优势。

8. ·········　炮6进1

9. 炮六进四 ··········

红方进炮邀兑,紧凑。如改走车八退二,则炮6进1,红方无便宜可占。

9. ·········　炮6平4

10. 车八平六(图13) ··········

如图13形势下,黑方有两种走法:车8进4和炮2进4。现分述如下。

**第一种走法:车8进4**

10. ·········　车8进4

11. 马四进三　马3进4

黑如改走炮2进4,红则兵五进一,车8退1,炮五平三;马3进2,车六退二,马7退8,兵一进一,红优。

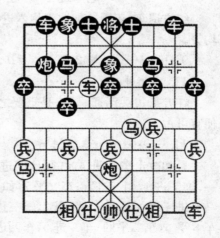

**图 13**

12. 车一进一　士6进5　　13. 兵五进一　炮2进5

黑方进炮别马，为右马寻找出路。如改走马4退6，则车六平八，也是红方易走。

14. 兵五进一　马4进3　　15. 兵五进一　车2进2

黑如改走马3退5，红则车六平九；马5进6，车一平四；车8进4，炮五进五；象3进5，车四进一，红优。

16. 兵五进一　象3进5　　17. 车一平四　马3进5
18. 相七进五　卒1进1　　19. 车四进二　马7退6
20. 仕六进五　卒9进1　　21. 车四平五　卒3进1
22. 相五进七　炮2进2　　23. 马九退八　车2进7
24. 仕五退六　车2退5　　25. 相七退五　车2平4

黑方平车邀兑，授人以隙，导致速败。应以改走象5退7坚守为宜。

26. 马三进一

红方胜势。

**第二种走法：炮2进4**

10. …………　炮2进4　　11. 兵五进一　炮2退1

黑如改走车2进5，红则车六进一；车2平5，车六平七，车5平6，车七进二；炮2退1，炮五进五；车6退3，兵九进一；炮2平4，炮五平三，车6平7，车七退三，红优。

12. 车六退二　车8进5

黑如改走车8进4，红则兵九进一；炮2退2，兵三进一；车8平7，车一平二；车7平6，马四进二；马7退5，马二进一；象5进7，兵五进一；车6退3，马一进二；车6进5，兵五进一；马3进5，车六平五；前马退3，车二进八，象3进5，车二平四；车6退5，马二退四；炮2退2，红方优势。

13. 相三进一　士6进5　　14. 兵九进一　炮2进1
15. 车一平三　车8退2　　16. 兵一进一　炮2进1
17. 车六退二　炮2平5　　18. 相七进五　车2进6
19. 车六进二　车2进1　　20. 相五退七　车2平6
21. 马四退五　车8进1　　22. 马九进八　马3进2
23. 车三进三　车6退3　　24. 车六进四　卒7进1
25. 车三平六　卒7进1　　26. 相一进三　卒5进1
27. 前车平八　马2退3　　28. 兵五进一　车6平5

黑方优势。

# 第14局　红五六炮对黑进炮封车

1. 炮二平五　　马2进3　　　2. 马二进三　　炮8平6

3. 兵三进一　　卒3进1　　　4. 马八进九　　象7进5

5. 炮八平六　　车1平2　　　6. 车九平八　　炮2进4(图14)

黑方进炮封车，是力争主动的走法。

如图14形势下，红方有两种走法：车一进一和马九退七。现分述如下。

**第一种走法：车一进一**

7. 车一进一　…………

红方高右横车，是不落俗套的走法。如改走车一平二，则马8进7；马九退七，炮2退1，演绎成流行的变例。

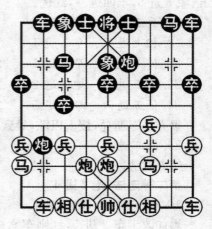

图14

7. …………　车9进1

黑如改走马8进7，红则兵七进一；卒3进1，车一平七；炮2退5，车七进三；炮2平3，炮五进四；马3进5，车八进九；马5退3，车八退五；炮3进4，车八平七，红方多兵占优。

8. 车一平四　　炮6平7

黑方平7路炮，是灵活的走法。如改走车9平6(如车9平4，则仕四进五；士6进5，车四平二，红方易走)，则兵九进一；炮6平7，车四平二，车6平4，仕四进五；马8进6，车二平四，红方主动。

9. 兵九进一　…………

红如改走仕四进五，黑则车9平8；车四进三，卒7进1；兵七进一(如兵三进一，则炮7进5；炮六平三，车8进8；车四退四，象5进7，黑方反先)，炮7进3；兵七进一，炮7进4；兵七进一，卒7进1；车四进二，卒7进1；兵七进一，士6进5；帅五平四，炮7平9；马九进七，车2进5；兵五进一，马8进6；马三进五，车8进8；帅四进一，马6进8；车四退一，马8进7；马五进三，车8退6；帅四退一，炮9平7；马七进六，炮2平9；车八进四，炮9进3；帅四进一，车8进5；帅四进一，炮7退2；炮五平三，炮9退2；炮三退一，卒7进1；帅四退一，卒7进1，黑方胜势。

9.⋯⋯⋯⋯　车 9 平 6

黑方平车邀兑，自阻马路。不如改走车 9 平 8，红如车四进三，黑则车 8 平 6；车四平八，车 2 进 5；马九进八，炮 2 平 1，这样要比实战走法好。

10.车四平二　车 6 平 4　　11.仕四进五　马 8 进 6

12.车二平四　马 6 退 8　　13.车四平二　马 8 进 6

14.车二进七　炮 2 退 5　　15.马三进四　炮 7 平 6

黑如改走车 4 进 6，红则车二平四；车 4 退 2（如士 6 进 5，则车八进八，黑方丢子），马四进五，红方亦大占优势。

16.炮五进四　⋯⋯⋯⋯⋯

红方炮打中卒，是简明有力之着。如改走马四进五，则车 4 进 2；车二平四，士 6 进 5，红方反而麻烦。

16.⋯⋯⋯⋯　马 3 进 5　　17.马四进五　炮 2 进 5

18.炮六平五　车 2 进 4　　19.马五退七　⋯⋯⋯⋯⋯

红方退马踩卒，逼黑方换子，是紧凑有力之着。

19.⋯⋯⋯⋯　车 2 平 3　　20.车八进三　车 3 平 6

21.兵五进一　炮 6 平 7　　22.兵五进一　⋯⋯⋯⋯⋯

红方中兵欺车，妙！可谓一击中的，令黑方顿感进退维谷。

22.⋯⋯⋯⋯　车 6 平 5　　23.车八进二

红方胜势。

### 第二种走法：马九退七

7.马九退七　炮 2 进 2

黑应改走炮 2 退 1，红如接走车一进一，黑则车 9 进 1；车一平四，炮 6 平 7；车八进二，车 9 平 8；车四进三，炮 2 平 7；车八进七，前炮进 4；仕四进五，马 3 退 2；炮五进四，士 6 进 5；相七进五，前炮平 9；车四平二，车 8 进 4；马三进二，马 2 进 3；炮五退一，卒 7 进 1；马七进六，马 3 进 5；兵五进一，炮 7 退 1；马六进四，马 8 进 7，黑可抗衡。

8.车一平二　马 8 进 7　　9.马三进四　车 9 进 1

黑方应改走士 6 进 5，以巩固阵势为宜。

10.仕四进五　车 9 平 2　　11.车二进六　前车进 4

12.马四进五　炮 2 退 1　　13.车八进二　⋯⋯⋯⋯⋯

红方一车换双，是取势佳着。

13.⋯⋯⋯⋯　前车进 2　　14.马五进三　前车退 4

15. 马七进六　士4进5　　16. 马六进五　前车平5

17. 车二进二　象5退7　　18. 车二平四　象3进5

19. 马三进一　象7进9　　20. 炮五平二　…………

红方平炮闪击，攻击点十分准确，是取胜的紧要之着。

20. …………　炮6平8

黑方平炮拦炮，出于无奈。如改走车5进1吃马，则炮二进七；象9退7，马一进三，红方胜定。

21. 炮六平五

红方胜势。

## 第二节　黑飞右象变例

## 第15局　黑左横车对红补右仕(一)

1. 炮二平五　马2进3　　2. 马二进三　炮8平6

3. 车一平二　马8进7　　4. 兵三进一　卒3进1

5. 马八进九　象3进5　　6. 炮八平六　…………

至此，形成五六炮边马进三兵对反宫马右象的阵势。黑方飞右象系旧式应法，现在一般多走象7进5，这样双方各有不同攻守。

6. …………　车9进1

黑方高横车准备右移，是反宫马飞右象布局中的一种常见战术手段。如改走士4进5，则车九平八；炮2平1，马三进四；车1平4，仕六进五；卒7进1，兵三进一；象5进7，车二进六，红方主动。

7. 车九平八　车1平2

黑如改走车9平4，红则车八进七；车4进6，车二进八；车4退2，相三进一；士4进5，车二平三；马3进4，车八进一；炮6进4，车三退一；炮6平7，车八平六；车1平4，车六进一；将5平4，车三平二；卒7进1，仕四进五；马4进6，兵三进一；马6进7，炮五平四；炮7平6，车二退四；炮6退4，车二平三；马7进8，相一退三；象5进7，炮四退二，红优。

8. 仕四进五　车9平4　　9. 兵五进一(图15)　…………

红方冲中兵准备直攻中路，是一种急攻型的走法。

如图15形势下，黑方有五种走法：士4进5、卒7进1、炮2进1、车4进3和炮 2 进 4。现分述如下。

**第一种走法：士 4 进 5**

9.………… 士 4 进 5

黑方补士，准备弃子争先，是不甘示弱的走法。

10. 车二进八 …………

红方进车下二路，准备捉死黑方左马，是此时最有力的攻着。

10.………… 炮 2 进 3

黑方进炮骑河，继续贯彻弃子争先的战略意图。如改走炮 2 退 1，则车二平三；车 4 进 6，车八进八；车 2 进 1，仕五进六，红方得子占优。

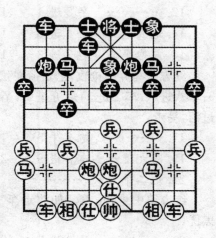

**图 15**

11. 兵九进一 …………

红方挺边兵驱炮，正着。如改走相三进一，则卒 3 进 1，黑方易走。

11.………… 炮 2 平 7　　12. 车八进九　马 3 退 2

13. 相三进一　炮 7 平 1

黑方炮击边兵，弃子取势。如改走炮 7 进 1，则车二退五；炮 7 退 2（如车 4 进 5，则炮五进一；炮 7 退 2，兵五进一，红优），车二进三，红方易走。

14. 车二平三　车 4 进 4　　15. 车三退一　炮 1 平 5

16. 帅五平四 …………

红如改走马三进五，黑则卒 7 进 1；炮五进二，车 4 平 5；马五退三，马 2 进 3；车三平二，卒 1 进 1；车二退三，车 5 平 8；马三进二，卒 1 进 1，黑方优势。

16.………… 炮 5 平 6　　17. 帅四平五　卒 7 进 1

18. 车三退一　马 2 进 3　　19. 马三进四　车 4 平 6

20. 车三平一 …………

形成黑方多卒、红方多子，双方各有顾忌的局面。

**第二种走法：卒 7 进 1**

9.………… 卒 7 进 1　　10. 车二进六　卒 7 进 1

11. 车二平三　马 7 退 9　　12. 兵五进一 …………

红方续冲中兵，继续贯彻直攻中路的意图。如改走车三退二吃卒，则局势相对平稳。

12.………… 卒 5 进 1　　　13. 马三进五　卒 7 平 6

14. 炮五进三　士 4 进 5　　　15. 炮五平六　车 4 平 2

16. 前炮平二　炮 2 进 3　　　17. 马五进四　…………

红方跃马弃子抢攻,已是箭在弦上,不得不发。如改走炮六平五,则炮 2 平 5;车八进八,车 2 进 1;炮五进二,卒 6 平 5;马五进三,卒 5 平 6,也是黑方有卒过河,易走。

17.………… 炮 2 平 5　　　18. 相三进五　前车进 8

19. 马九退八　车 2 进 9　　　20. 马四进六　车 2 退 8

21. 炮二平五　…………

红方镇中炮,正着。如改走车三进二,则炮 5 退 2;车三平一,炮 6 进 1,黑优。

21.………… 马 3 进 5　　　22. 车三平四　…………

红方平肋车捉卒,过于牵强。应以改走马六退五,卒 6 平 5,车三平五,找回失子为宜。

22.………… 炮 5 进 1　　　23. 车四退二　炮 6 平 8

24. 兵七进一　卒 3 进 1

黑方多子占优。

### 第三种走法:炮 2 进 1

9.………… 炮 2 进 1　　　10. 马三进四　士 4 进 5

11. 炮五平三　车 4 进 5　　　12. 兵五进一　车 4 平 5

黑如改走车 4 平 7,红则马四退五;车 7 平 6,兵三进一;卒 5 进 1,兵三进一;马 7 退 9,车二进四,红方先手。

13. 兵三进一　车 5 退 2　　　14. 兵三进一　车 5 平 6

15. 马四退五　马 7 退 9　　　16. 车二进八　炮 2 退 2

17. 车二退五　炮 2 平 1　　　18. 车八进九　马 3 退 2

19. 炮六进二　卒 5 进 1　　　20. 炮六平三　卒 5 进 1

21. 兵三进一　炮 6 进 1　　　22. 兵三进一　炮 6 平 7

23. 炮三进四　车 6 平 7　　　24. 后炮平一　车 7 进 5

25. 仕五退四　车 7 退 6　　　26. 炮一进四　炮 1 平 7

红方多子易走。

### 第四种走法:车 4 进 3

9.………… 车 4 进 3　　　10. 车二进三　士 4 进 5

11. 马九退七　…………

红方退马,好棋。

11. …………　炮2进3　12. 马七进六　炮2平4

13. 车八进九　马3退2　14. 马三进四　炮4进2

15. 仕五进六　马2进3　16. 兵五进一　车4退1

17. 仕六退五　卒5进1　18. 马六进五　车4平6

19. 马四退六

红方优势。

**第五种走法:炮2进4**

9. …………　炮2进4　10. 马九退七　炮2退1

11. 车二进三　士4进5　12. 马七进六　车4平2

13. 车二进三　炮6进4

黑如改走炮2退2,红则车二进二,红方主动。

14. 兵五进一　炮2平3　15. 车八平九　炮6平3

16. 车二平三　车2进8

黑如改走车2进5,红则车三进一;前炮平1,兵五进一;马3进5,马六进五;炮3平5,车三退一,红优。

17. 车九平八　车2进9　18. 相七进九　车2退1

19. 帅五平四　前炮进3　20. 帅四进一　后炮进3

21. 炮六退一

红方优势。

## 第16局　黑左横车对红补右仕(二)

1. 炮二平五　马2进3　2. 马二进三　炮8平6

3. 车一平二　马8进7　4. 兵三进一　卒3进1

5. 马八进九　象3进5　6. 炮八平六　车9进1

7. 车九平八　车1平2　8. 仕四进五　车9平4

9. 兵九进一　…………

红方挺边兵,是改进后的走法。

9. …………　车4进4

黑方进车骑河捉兵,应对积极。如改走炮2进4,则车二进六,红方主动。又如改走士4进5,则车二进八;炮2退1,车二平三;车4进6,车八进八;车2

进1,仕五退六,黑要失子。

　　10.车二进八　　卒7进1

　　11.车二平三　　…………

　　红方平车捉马,是紧凑之着。如改走兵三进一吃卒,则车4平7,黑方反夺先机。

　　11.…………　　马7进6

　　12.兵三进一　　车4平7

　　13.车八进四(图16)　…………

　　如图16形势下,黑方有两种走法:车7平2和车7进1。现分述如下。

　　**第一种走法:车7平2**

　　13.…………　　车7平2

　　黑方兑车,嫌软。

　　14.马九进八　　马6进4

　　15.兵三进一　　…………

　　红方保留过河兵,其势大增。

　　15.…………　　炮2平1

　　16.兵三平四　　车2进5

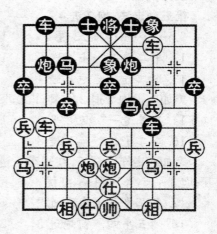

图16

　　黑方兑子,无奈之着。如改走炮6平9,则马八退六;马4进2,炮六平八;炮1平2,炮八进五;车2进2,炮五平八;车2平1,车三平八,红方大占优势。

　　17.兵四进一　　士4进5　　18.兵四进一　　炮1退1

　　19.炮五平四　　卒5进1　　20.马三进四　　马4退6

　　21.马四进二　　马6进5　　22.马二进四　　…………

　　红方进马催杀,可谓一击中的!令黑方顿感难以招架。黑如接走车2平6,红则兵四进一;士5退6,马四进六;炮1平4,车三平六,红方胜定。

　　22.…………　　车2平4　　23.车三进一

　　红方胜势。

　　**第二种走法:车7进1**

　　13.…………　　车7进1

　　黑方进车压马避兑,是改进后的走法。

14. 相三进一　…………

红如改走车三平四,黑则象 5 进 7,黑优。

14. …………　士 4 进 5　　15. 相一进三　炮 2 退 1

16. 车三退二　炮 2 进 2　　17. 车八进二　车 2 进 3

18. 兵三平四　马 3 进 4

黑方优势。

## 第17局　黑左横车对红左车巡河(一)

1. 炮二平五　马 2 进 3　　2. 马二进三　炮 8 平 6

3. 车一平二　马 8 进 7　　4. 兵三进一　卒 3 进 1

5. 马八进九　象 3 进 5　　6. 炮八平六　车 9 进 1

7. 车九平八　车 1 平 2　　8. 车八进四　…………

红方高车巡河,是稳健的走法。

8. …………　车 9 平 4　　9. 仕四进五　士 4 进 5

10. 兵九进一　…………

红方挺边兵,使左车生根,继续贯彻稳扎稳打的方针。除此之外,还有另外两种走法:

①车二进八,卒 3 进 1;兵七进一,车 4 进 4;车二平三,炮 6 进 2,黑方易走。

②马三进四,炮 6 进 2;炮五平三,炮 2 平 1;车八平五,车 4 进 3;兵九进一,卒 5 进 1;车五平八,车 4 退 1,黑方可以满意。

10. …………　炮 2 平 1　　11. 车八平四　…………

红方平车避兑,是保持变化的走法。

11. …………　车 4 进 3

黑方升车巡河,准备卒 7 进 1 活通左马,正着。除此之外,还有另外两种走法:

①车 4 进 5,车二进六;卒 3 进 1,车四平七;炮 1 退 1,炮五平四;炮 1 平 3,车七平五;车 2 进 4,车二平三;马 7 退 9,相三进五;车 2 平 8,炮四进一;车 4 退 2,红方易走。

②卒 3 进 1,车四平七;炮 1 退 1,炮六平七;马 3 进 2,炮五平六;马 2 进 1,车七进四;车 4 平 3,炮七进六;车 2 进 4,相三进五;卒 7 进 1,车二进四,双方局势平稳。

12. 马九进八　…………

红方进马捉车,略嫌急躁。应改走车二进六,这样较有针对性。

12. ⋯⋯⋯⋯⋯ 卒 3 进 1

13. 车四平七(图 17) ⋯⋯⋯⋯

如图 17 形势下,黑方有两种走法:炮 1 进 3 和车 2 进 4。现分述如下。

**第一种走法:炮 1 进 3**

13. ⋯⋯⋯⋯⋯ 炮 1 进 3

黑方炮打边兵,谋取实利。

14. 马八进七 卒 1 进 1

15. 炮五平四 车 4 平 2

16. 相三进五 卒 7 进 1

17. 兵三进一 ⋯⋯⋯⋯⋯

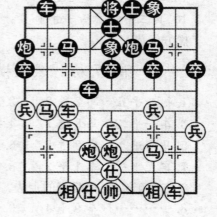

图 17

红方兑兵,略嫌软弱。应改走车二进八,黑如卒 7 进 1,红则车七平三;马 7 进 8,车二平四,红方占优。

17. ⋯⋯⋯⋯⋯ 前车平 7

18. 炮四退二 ⋯⋯⋯⋯⋯

红方应改走车二进八,黑则马 7 进 8(如车 7 进 3,则炮四进七,黑方丢车),炮四退二,红占主动。

18. ⋯⋯⋯⋯⋯ 马 7 进 8

黑方进马消除了红方对其左翼的威胁,取得了均势的局面。

19. 炮四平三 车 7 平 6

20. 炮三进一 车 2 进 7

黑方进车限制了红方左炮的活动范围,使红方无隙可乘,是细腻之着。

21. 马七退六 炮 1 平 4    22. 车七平六 车 2 退 3

双方均势。

**第二种走法:车 2 进 4**

13. ⋯⋯⋯⋯⋯ 车 2 进 4    14. 车二进六 ⋯⋯⋯⋯⋯

红如改走炮六平八,黑则炮 1 进 3;炮八进三,炮 1 平 3;兵七进一,车 4 平 2;马八退七,卒 7 进 1,黑方反占先手。

14. ⋯⋯⋯⋯⋯ 卒 7 进 1    15. 车二平三 ⋯⋯⋯⋯⋯

红方平车捉马,失算,是陷入被动局面的症结所在。应改走炮五平四,黑如炮1进3,则马八退九;炮1平7,相三进五;炮7进1,车二平四,红方虽无先手,但形势尚无大碍。

15.·········　　炮1进3

黑炮打兵连消带打,是争先取势的巧妙之着。

16.马八退九　　炮1平7　　17.车三平二　　炮7进4

黑炮连得二兵一相,可谓占据上风。

18.车二退六　　炮7退1　　19.车二进一　　炮7进1

20.车二平三　　炮7平9　　21.炮五平四　　卒7进1

22.车三平一　　炮9平4

黑方弃炮取仕,已算定有7路卒过河助攻,可以得回一子,扩大优势,是紧凑有力之着。

23.帅五平六　　·········

红如改走车七平三,黑则炮4退1,黑亦大占优势。

23.·········　　卒7进1　　24.马三退二　　车2进4

黑方弃子占势,易走。

## 第18局　　黑左横车对红左车巡河(二)

1.炮二平五　　马2进3　　2.马二进三　　炮8平6

3.车一平二　　马8进7　　4.兵三进一　　卒3进1

5.马八进九　　象3进5　　6.炮八平六　　车9进1

7.车九平八　　车1平2

8.车八进四　　车9平4

9.仕四进五　　士4进5

10.兵九进一　　炮2平1(图18)

如图18形势下,红方有两种走法:车八进五和车八平五。现分述如下。

**第一种走法:车八进五**

11.车八进五　　马3退2

12.炮五进四　　炮6进5

黑如改走炮6进7,红则帅五平四;马7进5,兵五进一,红方多中兵,稍占优势。

13.炮五退二　　车4进5

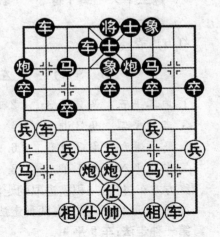

图18

黑如改走炮6平1,红则相七进九;卒1进1,车二进六;马7进5,车二平三;马2进3,车三平四;卒1进1,相九退七;车4进5,炮五进一;卒1平2,马三进四;车4退3,马四进三;车4进1,车四进二,红方易走。

14. 车二进五　炮6平1　　15. 相七进九　车4平3

16. 相三进五　马2进3　　17. 兵三进一　卒7进1

18. 车二平三　马7进5　　19. 车三平五　马5退7

20. 炮五平三

双方局势平稳。

**第二种走法:车八平五**

11. 车八平五　……………

红方平中车避兑,是创新的走法。

11. ……………　卒7进1　　12. 兵三进一　象5进7

13. 车五平三　象7进5　　14. 车二进六　炮6退1

黑如改走马7进6,红则车二平四;车4进4,兵五进一;炮1进3,车四退一;卒1进1,车三退一;炮1平5,车三平五;炮5进2,相三进五;车2进7,车四退一;车4平6,马三进四,红方多子,大占优势。

15. 车三平四　炮6平7　　16. 马三进二　车4进5

17. 炮五平三　马7退9　　18. 车二平三　炮1退1

19. 炮三进一　马3进4　　20. 车四进五　将5平6

21. 炮三平六　马4退3　　22. 马二进四　将6平5

23. 炮六进一

红方优势。

## 第19局　黑左横车对红左车过河

1. 炮二平五　马2进3　　2. 马二进三　炮8平6

3. 车一平二　马8进7　　4. 兵三进一　卒3进1

5. 马八进九　象3进5　　6. 炮八平六　车9进1

7. 车九平八　车1平2　　8. 车八进六(图19)　…………

红方左车过河,是积极进取的走法。

如图19形势下,黑方有两种走法:车9平4和车9平2。现分述如下。

**第一种走法:车9平4**

8. …………　车9平4

9. 炮六进四　　卒 7 进 1

10. 兵三进一　·············

红如改走车二进六,黑则马 7 进 6;炮六平九,马 6 进 4;兵三进一,象 5 进 7;仕四进五,象 7 退 5;车二平三,士 4 进 5;炮五平六,马 4 进 6;马三进四,炮 2 平 1;车八进三,马 3 退 2;炮九平八,车 4 进 4;炮六平四,马 6 退 8;车三退二,炮 6 进 5;仕五进四,马 8 进 7;车三退二,车 4 平 6;仕四退五,马 2 进 3;车三平六,卒 9 进 1,双方均势。

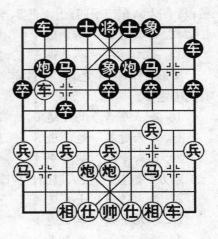

图 19

10. ·············　　象 5 进 7

11. 车二进六　　马 7 进 6

12. 炮六平九　　士 4 进 5

黑如改走马 6 进 4,红则马三进四,红方易走。

13. 炮九退一　　马 6 进 4　　　14. 炮九平三　　马 4 进 6

15. 炮三退二　　炮 6 进 7　　　16. 车二平三　　象 7 进 9

17. 炮三平二

红方优势。

**第二种走法:车 9 平 2**

8. ·············　　车 9 平 2

黑方联车,机警之着。

9. 兵九进一　·············

红亦可改走炮六进四,黑如炮 2 平 1,红则车八进二(如车八平七,则前车进 4;车二进四,士 6 进 5;炮六平三,炮 1 退 1;兵三进一,炮 1 平 3;车七平六,象 5 进 7;兵九进一,前车平 8;马三进二,象 7 进 5;炮五进四,卒 3 进 1;相三进五,炮 6 进 1;炮五进二,炮 6 退 2;炮五平六,卒 3 进 1;炮六退一,马 7 退 8;炮三平五,炮 6 平 5;炮五进二,士 4 进 5,黑方易走);车 2 进 1,炮六平三;象 7 进 9,兵九进一,红方略优。

9. ·············　　炮 2 平 1　　　10. 车八进二　　车 2 进 1

11. 车二进六　　炮 6 退 1

黑方退炮,是灵活的走法。如改走车 2 平 4,则仕四进五;车 4 进 4,车二平三;马7退8,车三平四;士4进5,车四退二,红方易走。

　　12.仕四进五　马3进4　　　13.车二退一　卒7进1

　　14.车二退一　卒7进1　　　15.车二平三　炮6平7

　　黑炮打车,随手之着。应改走卒3进1,红如车三平七,黑则炮1平3,黑方有反击之势。

　　16.车三平六　马4退6　　　17.马三进四　士4进5

　　18.车六进二　炮7进8　　　19.马四进六　马6进8

　　20.车六平九　炮1平4

　　黑方平炮兑炮,授人以隙。应改走车2进1,这样较为顽强。

　　21.炮六进五　士5进4　　　22.车九进三　将5进1

　　23.车九平六　车2进1　　　24.兵九进一　炮7退6

　　25.兵九平八　炮7平8

　　黑如改走车2进2,红则车六退二;车2退3,马六进七;车2平3,车六退二;车3进1,车六平二;炮7进1,车二进一,也是红优。

　　26.兵八平七　象5进3　　　27.兵七进一　象7进5

　　黑如改走象3退5,红则马九进八,黑亦难应对。

　　28.车六平九　炮8退2　　　29.兵七进一　象5进3

　　30.车九退四

　　红方优势。

　　**小结:**在反宫马对抗五六炮边马进三兵的布局中,黑方有上右象和上左象两种防御战术,这两种战术各有特点。近年来,走象7进5的比较多,其变化复杂。以飞左象应法,是全局均衡发展的走法。特别是右炮封车,遥控红方左翼子力的发展,伺机亮出左车,攻击红方右翼底线,借以弥补左马受制的弱点,可达成贯穿全局的对抗状态。飞右象的应法,目的是使左车右移,在红方左翼构成子力上的优势,并寻求反击的途径,但这样黑方左翼也暴露出易受攻击的弱点。

# 第二章  五七炮进三兵对反宫马

五七炮进三兵对反宫马,是中炮对反宫马布局中常见的布局阵势。近几年来,在全国象棋大赛中风行一时。通过实战,双方的攻防变化都有了很大的发展,其中尤以五七炮弃双兵对反宫马左象变例最为常见。弃兵的目的就是争取发挥车二进四巡河车的威力,以后对黑方的3路线进行打击,并由此展开激烈的对攻。本章列举了37局典型局例,分别介绍这一布局中双方的攻防变化。

## 第一节  黑飞左象变例

### 第20局  黑右炮封车对红弃双兵(一)

1. 炮二平五　马2进3　　2. 马二进三　炮8平6

3. 车一平二　马8进7　　4. 兵三进一　卒3进1

5. 马八进九　象7进5

黑方飞左象,使两翼子力均衡展开,是改进后的走法。

6. 炮八平七　车1平2　　7. 车九平八　炮2进4

至此,形成五七炮进三兵对反宫马飞左象右炮封车的阵势。黑方右炮封车,是力争主动的走法。如改走士6进5,则车八进四,红方先手。

8. 兵七进一　…………

红方弃七兵挑起争斗,准备演绎成五七炮弃双兵的变例。

8. …………　卒3进1　　9. 兵三进一　卒7进1

10. 车二进四　…………

红方右车巡河捉卒,配合七路炮攻击黑方右翼,是前面弃双兵的后续手段。

10. …………　炮2平3

黑方平炮兑车,准备弃卒谋相,展开对攻。

11. 车八进九　…………

红方弃相兑车,是简明的走法。

11. …………　炮3进3　　12. 仕六进五　马3退2

**13. 炮五进四 ⋯⋯⋯⋯⋯**

红方炮打中卒，正着。如改走炮七平六，则卒3进1；马九进七，马2进3；马三进四，车9平8，黑方得相多卒，易走。

**13. ⋯⋯⋯⋯ 士6进5　14. 炮五退一 ⋯⋯⋯⋯⋯**

红方退炮，保持中路攻势，是近年来流行的走法。如改走炮七平五（如相三进五，则马2进3；炮五退一，卒3进1；炮七进五，炮3退7；马九进七，车9平8，双方大体呈均势），则马2进3；车二平七，马3进5；炮五进四，车9平8；车七退四，车8进7，黑方足可对抗。

**14. ⋯⋯⋯⋯ 马2进3　15. 炮七平六 ⋯⋯⋯⋯⋯**

红方平炮仕角，准备平车捉卒争先。

**15. ⋯⋯⋯⋯ 炮3退2**

黑方退炮打马，正着。如改走卒3进1，则马九进七；车9平8，车二平四；炮6退2，马七进九，卒1进1，马九进七；马7进5，马七进五，马3进5，车四平七；炮3平2，车七进二，红优。

**16. 炮六退一 ⋯⋯⋯⋯⋯**

红方退炮着法含蓄，意在攻击黑方右翼。如改走相三进五，则卒3进1；马九进七，车9平8；车二平四，炮6进2（如炮6退2，则马七进九，卒1进1，车四平七；马3进5，车七退二，卒1进1，炮六进六，红优）；马三进二，炮6退4；炮六退一，车8进3；炮六平七，马7进5；马七退九，炮3退4，黑方多象，占优。

**16. ⋯⋯⋯⋯ 卒3进1**

黑方亦可走卒3平2，红则炮六平七；马3进5，兵九进一，卒2平1，车二平九；炮3退5，车九进二，炮6进1，炮七进五；炮6进1，马三进二，车9平6，马九进八；卒7进1，马二进一，炮3平4，炮七平六；炮6平8，马八进七，车6进6，马七进八；炮4平2，马八退六，士5进4，马一进三；车6平5，黑方多象，又有过河卒，已呈反先之势。

**17. 马九进七 ⋯⋯⋯⋯⋯**

红如改走车二平四，黑则炮6进2；马九进七，车9平8；炮六进六，马7进5；车四进一，士5进4；车四平三，士4退5，车三退一，车8进4；兵五进一，炮3平2，马三进四，车8平6；马四退五，炮2退2；车三进二，炮2退2；车三进二，车6平7；车三退三，马5进7，红方多兵少相，双方各有顾忌。

**17. ⋯⋯⋯⋯ 车9平8**

黑方平车邀兑，正着。如改走炮6进1，则马七退九；马7进5，车二平七；卒1进1，车七退二；卒1进1，炮六平七，马3进2，马三进四；马2进4，车七进二；

马 4 退 6，马四进六，红优。

18. 车二平四　　炮 6 进 2

黑方升炮巡河，正着。如改走炮 6 退 2，则马七进九；卒 1 进 1，以下红方有两种走法：

①马九进七，马 7 进 5；马七进五，马 3 进 5；车四平七，炮 3 平 1；车七进二，炮 6 平 7；车七平五，炮 7 进 7；炮六平七，车 8 进 2；车五平七，象 3 进 1；车七退四，红方得子，占优。

②车四平七，马 3 进 5；车七退二，卒 1 进 1；炮六进七，卒 7 进 1；车七进七，卒 7 进 1；车七退五，车 8 进 4；兵五进一，卒 7 进 1；炮六平九，象 5 退 3；车七进五，炮 6 平 8；车七退六，将 5 平 6；炮九退三，红优。

19. 炮六平七　　…………

红方平炮七路牵制黑炮，着法有力。除此之外，还有另外两种走法：

①炮六进六，马 7 进 5；炮六进一（如车四进一，则士 5 进 4；车四平三，士 4 退 5；车三进一，炮 3 平 2，双方大体呈均势），炮 6 退 4；车四进二，车 8 进 6；马七进五，炮 3 退 4；车四退四，卒 7 进 1；炮五进二，士 5 进 6；车四平七，车 8 退 5；车七进四，车 8 平 4，双方形成互有顾忌的局面。

②马三进二，炮 6 退 4；马七进九（如炮六退一，则车 8 进 3；炮六平七，马 7 进 5；马七退九，炮 3 退 4，黑方多象，易走），车 8 进 3（如卒 1 进 1，则马九进七；马 7 进 5，马七进五；马 3 进 5，炮六平七；车 8 进 3，双方大体呈均势）；车四平七，卒 1 进 1，黑方反占先手。

19. …………　　车 8 进 3（图 20）

如图 20 形势下，红方有两种走法：兵五进一和马三进二。现分述如下。

**第一种走法：兵五进一**

20. 兵五进一　　马 3 进 5

21. 马三进五　　炮 3 平 8

22. 马五进七　　马 5 进 3

23. 后马进九　　象 3 进 1

24. 炮七平八　　马 3 退 4

黑方回马以退为进，封锁住红马进路，是反夺主动权的巧妙之着。

25. 马七退六　　卒 1 进 1

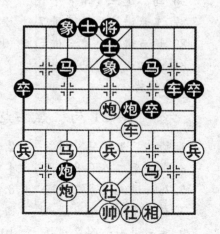

图 20

26.马九退七　炮8退1

黑方乘机逼退红方双马,其势渐盛。

27.马七退五　马4进3　　28.马六进七　车8平2

29.炮八进四　炮8退3　　30.马五进六　象1退3

31.仕五退六　炮8平4　　32.相三进五　炮4退1

33.仕四进五　炮6退4

黑方乘机调整阵势,走得十分老练得法。

34.马六退七　车2平4

黑方易走。

**第二种走法:马三进二**

20.马三进二　…………

红方进马,是改进后的走法。

20.…………　炮6退4　　21.马七进六　…………

红如改走马七进九,黑则卒1进1;马九进七,马7进5;马七进八,卒7进1;车四平三,车8进1;兵五进一,炮3退2;车三进二,车8进1;马八进七,象5退3;炮七进六,车8平5;车三平五,炮6进6;车五平七,车5退1;炮七退三,象3进5;车七平一,车5进2;车一进一,士5退6,双方均势。

21.…………　炮3平5　　22.相三进五　马3进4

23.车四平六　马4退2　　24.炮七进六　马7退8

25.马二退三　车8平5　　26.兵五进一　马2退4

27.车六进一　马8进7　　28.马三进四　马7进6

29.炮五进二　象3进5　　30.车六平四　炮6进5

31.车四退一　马4进3

黑方优势。

# 第21局　黑右炮封车对红弃双兵(二)

1.炮二平五　马2进3　　2.马二进三　炮8平6

3.车一平二　马8进7　　4.兵三进一　卒3进1

5.马八进九　象7进5　　6.炮八平七　车1平2

7.车九平八　炮2进4　　8.兵七进一　卒3进1

9.兵三进一　卒7进1　　10.车二进四　炮2平3

11.车八进九　炮3进3　　12.仕六进五　马3退2

13. 炮五进四　士6进5　　14. 炮五退一　马2进3

15. 炮七平六　炮3退2　　16. 炮六退一　卒3进1

17. 马九进七　车9平8　　18. 车二平四　炮6进2

19. 炮六平七　马3进5　　20. 马三进二　…………

红如改走兵五进一，黑则炮3平2；马三进五，炮2退1；马五退七，炮2平9；前马退五，炮9进3；马五退三，炮9退5；马七进六，车8进9；相三进五，车8退2；仕五进六，车8平7；仕四进五，车7平8；炮七退一，车8进1；马三进四，将5平6；马四进二，炮6退3；马二进三，车8退5；马六进五，车8平7；马五进三，车7退1，双方大体均势。

20. …………　车8进3（图21）

黑如改走卒7进1，红则车四平三；炮6退3，车三平四；将5平6，仕五进六；马5进7，车四平三；车8进3，马七进五；炮6平7，马五进三；车8平6，马二进一；车6进6，帅五进一；马7进6，马三进二，红方多子，大占优势。

如图21形势下，红方有两种走法：仕五进四和马二进四。现分述如下。

**第一种走法：仕五进四**

21. 仕五进四　卒7进1

黑如改走炮6退4，红则炮七平二；士5进6，车四平六；车8平6，炮二平三；马7进8，炮三平二；马8进7，炮二平三；马7进8，马七进六；炮3退3，马六进七；卒7进1，车六平三；士6退5，马七进九；炮3退3，马九退八；炮3平4，炮三平七，红方易走。

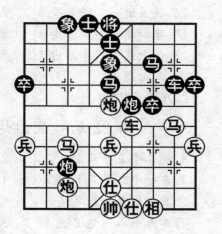

图21

22. 车四平三　炮6平8　　23. 马七进九　炮3退5

24. 炮七进五　车8退3　　25. 马九进八　炮3平2

26. 炮七平九　马5进3　　27. 车三进二　炮8退3

28. 炮九进三　炮8平7　　29. 车三平七　将5平6

30. 车七平四　将6平5　　31. 马八退六　炮2进2

32. 车四平六　炮7退1　　33. 马二进三　马3退2

34. 车六平九　炮2平5　　35. 马三退五　马2退1

36.车九进三　炮7进9　　37.仕四进五　炮7平9

黑方大占优势。

**第二种走法：马二进四**

21.马二进四　…………

红方进马吃炮，是改进后的走法。

21.…………　车8平6　　22.马七进八　炮3退3

黑如改走卒7进1，红则车四平三；车6进1，兵五进一，红方易走。

23.车四平六　车6进1

黑如改走炮3平6，红则马八进六；士5进4，车六平七；将5平6，炮七进一；炮6进4，炮七平四；将6平5，马六进八；车6进1，马八进七，红方胜势。

24.兵五进一　将5平6　　25.车六进四　象3进1
26.车六退二　象1退3　　27.马八进七　卒7进1
28.炮七进一　车6进1　　29.炮七平四　车6平5
30.马七退五

红方多子占优。

# 第22局　黑右炮封车对红弃双兵（三）

1.炮二平五　马2进3　　2.马二进三　炮8平6
3.车一平二　马8进7　　4.兵三进一　卒3进1
5.马八进九　象7进5　　6.炮八平七　车1平2
7.车九平八　炮2进4　　8.兵七进一　卒3进1
9.兵三进一　卒7进1　　10.车二进四　炮2平3
11.车八进九　炮3进3　　12.仕六进五　马3退2
13.炮五进四　士6进5　　14.炮五退一　马2进3
15.炮七平六　炮3退2　　16.炮六退一　车9平8

黑方兑车弃卒抢出左车，着法积极。

17.车二平七　炮3平2(图22)

如图22形势下，红方有两种走法：车七平八和车七进二。现分述如下。

**第一种走法：车七平八**

18.车七平八　炮2平3

19.炮六平七　…………

红如改走马九进七，黑则车8进7；马三进四，车8退2；相三进五，马7进

6；马四进六，车8平2；马六退八，炮3平2；炮六平七，将5平6；兵五进一，炮2退1；兵一进一，马6进7；兵一进一，卒9进1；炮五平一，炮6平8；炮七进六，炮8平3；马八进九，炮3平4；马九退八，马7进9，黑方残棋易走。

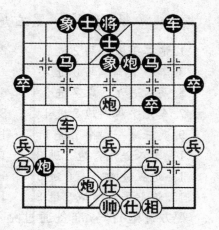

图22

19. ………………　马3进5

20. 马九进七　炮6进4

黑如改走车8进7，红则马三进四；车8退2，相三进五；炮6进2，马四进六；车8平2，马六退八；炮3平2，马八进七；将5平6，前马进六；象5进3，马六退五；马7进5，炮七平九；炮6进2，马七退六；炮2退1，炮九进五；卒7进1，炮九平一；卒7平6，兵一进一；马5进7，兵一进一；象3退5，马六进八；马7进8，兵一平二；炮2退2，马八进七；炮2平8，帅五平六；象5进3，炮一退四；象3进5，炮一平四，双方和势。

21. 马七进六　炮6平7　　22. 相三进五　车8平6

黑方得相，易走。

**第二种走法：车七进二**

18. 车七进二　………………

红方进车压马，是保持变化的走法。

18. ………………　炮2退6

黑如改走车8进7，红则马三进四；车8退2，马四进三；炮2退6（如炮2平7，则炮六平七；马3退1，炮五退一，红优），车七平四；炮6退1，炮六进六，马7退8，马三进四；炮2平6，车四平七；马3退1，马九进七；车8平4，炮六平八；车4退3，炮八退二；车4平3，兑子后黑方不难走。

19. 炮六平七　炮2平3　　20. 车七进三　炮6进4

21. 相三进一　炮3进7　　22. 马九退七　马3进5

23. 马七进五　卒7进1

黑方弃卒通车，是较为灵活的走法。

24. 车三退二　车8进4　　25. 兵五进一　车8平7

双方均势。

## 第23局 黑右炮封车对红弃双兵(四)

| | | | |
|---|---|---|---|
| 1.炮二平五 | 马2进3 | 2.马二进三 | 炮8平6 |
| 3.车一平二 | 马8进7 | 4.兵三进一 | 卒3进1 |
| 5.马八进九 | 象7进5 | 6.炮八平七 | 车1平2 |
| 7.车九平八 | 炮2进4 | 8.兵七进一 | 卒3进1 |
| 9.兵三进一 | 卒7进1 | 10.车二进四 | 炮2平3 |
| 11.车八进九 | 炮3进3 | 12.仕六进五 | 马3退2 |
| 13.炮五进四 | 士6进5 | 14.炮五退一 | 马2进3 |
| 15.炮七平六 | 炮3退2 | 16.炮六退一 | 炮6进5(图23) |

黑方进炮打马,准备通过兑子简化局面。

如图23形势下,红方有两种走法:仕五进四和车二平七。现分述如下。

**第一种走法:仕五进四**

17.仕五进四　炮3平7

18.仕四退五　车9平6

19.车二平七　车6进4

20.兵五进一　马3进5

21.炮六进七　…………

红方进炮塞象眼,着法凶悍。

21.…………　将5平6

22.车七进五　马5进3

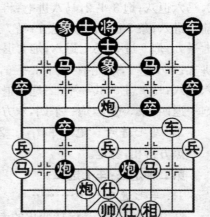

图23

| | | | |
|---|---|---|---|
| 23.马九进七 | 车6退1 | 24.马七进六 | 马3退2 |

黑方退马捉双,势在必行。

| | | | |
|---|---|---|---|
| 25.车七退七 | 马2退4 | 26.车七平三 | 马4进3 |
| 27.车三进三 | 车6进6 | 28.仕五退四 | 象5进7 |

双方均势。

**第二种走法:车二平七**

| | | | |
|---|---|---|---|
| 17.车二平七 | 炮3平7 | 18.车七进三 | 炮7平1 |
| 19.仕五进四 | 车9平8 | | |

黑如改走车9平6,红则炮六平七;马7进5,车七退一;车6进3,车七平

六;炮1平3,相三进五,红优。

20.炮六平七　…………

红如改走车七进二,黑则车8进6;兵五进一(如车七退六,则马7进6),车8平5;炮五退二,象5退3,黑方易走。

20.…………　将5平6　　21.炮七平四　士5进6
22.车七平六　车8进8　　23.车六进二　将6进1
24.炮五平四　马7进6　　25.炮四进四　士6退5
26.车六退七　炮1进1　　27.仕四退五　将6退1
28.兵五进一　车8退2　　29.兵五进一

红方易走。

## 第24局　黑右炮封车对红弃双兵(五)

1.炮二平五　马2进3　　2.马二进三　炮8平6
3.车一平二　马8进7　　4.兵三进一　卒3进1
5.马八进九　象7进5　　6.炮八平七　车1平2
7.车九平八　炮2进4　　8.兵七进一　卒3进1
9.兵三进一　卒7进1　　10.车二进四　炮2平3
11.车八进九　炮3进3　　12.仕六进五　马3退2
13.炮五进四　士6进5　　14.炮五退一　马2进3

15.车二平四　…………

红方平肋车捉炮,逼黑方出贴身车保炮,是改进后的走法。

15.…………　车9平6

黑方平车保炮,正着。除此之外,还有两种走法:

①卒3进1,车四进三;卒3进1,车四平三;卒3平2,马九退八;卒2进1,车三退一;马3进2,车三平八;马2进1,车八退三;卒7进1,兵五进一;卒2进1,车八平九,红方多子,胜势。

②炮6退2,相三进五;卒3进1,马九进七;炮3退3,车四平七;马7进5,车七退一;马3进2,车七进二;马2进1,炮七进七;象5退3,车七进一,红优。

16.相三进五　…………

红如改走马三进二,黑则马3进5;炮七平五,炮6退1;车四平七,炮6平7;车七退四,卒7进1;后炮平三,车6平8;马二进三,车8进7;马三进五,象3进5;炮三平六,双方各有顾忌。

16.………… 卒3进1 17.马九进七 …………

红马踩卒，先弃后取，是含蓄有力的走法。

17.………… 炮3退3 18.车四平七 马3进5

黑亦可改走车6平8，红如车七退一，黑则马3进5；兵五进一，车8进3；炮五平六，马5进4；车七平六，马4退2；兵五进一，车8进3；炮七平六，车3进3，黑方稍优。

19.车七进五 …………

红方进车杀象，准备弃子抢攻，是力争主动的积极走法。

19.………… 炮3退4

黑方退炮，正着。如改走马5退3，则车七退二；炮6平3，炮七进五；马7进5，炮五进二；士5进4，炮七进二，将5进1，炮七平四，红方易走。

20.炮五进二 士5进4 21.炮七平六 …………

红方平肋炮，是改进后的走法。以往多走炮五平三，黑则马5退7；马三进四，炮6平5；马四进六，车6进4(应改走马7退5，车七退一；车6进4，黑方多子占优)；马六进七，车6平7；车七平六，将5进1；车六退二，车3进3；马七退六，炮5进5；仕五进四，马7进6；马六进四，红方弃子有攻势。

21.………… 将5进1

黑方上将，必走之着。如改走炮3平5，则炮六进七；将5进1，车七退一；将5退1，炮六平九，黑车必失，红方占优。

22.炮五平三 马5退7 23.马三进四 …………

红方进马，正着。如改走炮六进七，则将5平4；马三进四，炮6平5；马四进六，车6进4；马六进七，车6平3，黑方多子占优。

23.………… 炮6平5

24.马四进六(图24) …………

如图24形势下，黑方有三种走法：车6进4、车6进6和马7进5。现分述如下。

**第一种走法：车6进4**

24.………… 车6进4

黑方进车捉马，是稳健的走法。

25.马六进七 车6平3

26.车七退一 将5退1

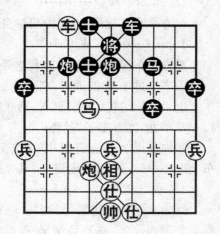

图24

27. 炮六平八　　马 7 进 5

黑如改走将 5 平 6,红则炮八进七;炮 5 退 2,车七平三;车 3 退 2,车三进一;将 6 进 1,炮八平五;马 7 进 5,车三退三,马 5 进 4,车三退一,红方稍优。

28. 炮八进七　　士 4 进 5　　　29. 车七进一　　士 5 退 4

30. 车七平六　　将 5 进 1

红如改走马七进九,黑则车 3 退 4;马九进七,炮 5 进 4;马七退六,将 5 进 1;马六退五,马 5 进 3;炮八退七,马 3 进 2;马五退七,炮 5 退 4,黑方多卒,略优。

31. 马七进九　　炮 5 进 4　　　32. 车六退二

双方对攻,各有顾忌。

**第二种走法:车 6 进 6**

24. ⋯⋯⋯⋯⋯　　车 6 进 6

黑方进车兵线,是创新之着。

25. 车七平六　　⋯⋯⋯⋯⋯

红方平车杀士,正着。如改走马六进七,则车 6 平 5,对攻中黑方易走。

25. ⋯⋯⋯⋯　　炮 3 进 5　　　26. 车六退二　　炮 3 平 5

27. 帅五平六　　马 7 退 6

黑方回马金枪,是灵活有力之着。

28. 炮六平八　　后炮平 7　　　29. 炮八进四　　车 6 退 2

黑方退车捉马,正着。如误走马 6 进 5 打车,则炮八平五,黑方失子,红胜。

30. 炮八退一　　车 6 进 2　　　31. 炮八进一　　车 6 退 2

32. 炮八退一　　车 6 进 2　　　33. 车六退一　　⋯⋯⋯⋯⋯

红方退车,是求变之着。如循环不变,则判和棋。

33. ⋯⋯⋯⋯⋯　　马 6 进 5　　　34. 马六进四　　将 5 平 6

对攻中,黑方多子易走。

**第三种走法:马 7 进 5**

24. ⋯⋯⋯⋯⋯　　马 7 进 5

黑方进中马,是新的尝试。

25. 车七退一　　将 5 退 1　　　26. 炮六平八　　⋯⋯⋯⋯⋯

红方平炮闪击,是紧凑有力之着。如改走马六进八,则车 6 退 4;马八进六,将 5 平 6;车七进一,车 6 平 4;车七平六,将 6 进 1,黑方多子占优。

26. ⋯⋯⋯⋯　　炮 3 平 2　　　27. 马六进五　　车 6 进 2

28.炮八进二 …………

红方高炮巡河暗保红马,构思巧妙!

28.………… 马5进4

黑方进马,无奈之举。如改走炮2平5,则炮八进五;士4进5,车七进一;士5退4,车七退三;士4进5,车七平五,红方大占优势。

29.马五退六 将5平6 30.车七退二 车6进2

31.车七平六 …………

红如改走车七平四,黑则车6退1;马六进四,也是红优。

31.………… 士4退5 32.相五进七 马4进3

33.炮八进一 炮2平8 34.相七退五 炮8进7

35.相五退三 车6进4 36.炮八进四 将6进1

37.车六平四 车6退5 38.马六进四 士5进6

39.兵五进一

红方优势。

## 第25局 黑右炮封车对红弃双兵(六)

1.炮二平五 马2进3 2.马二进三 炮8平6

3.车一平二 马8进7 4.兵三进一 卒3进1

5.马八进九 象7进5 6.炮八平七 车1平2

7.车九平八 炮2进4 8.兵七进一 卒3进1

9.兵三进一 卒7进1 10.车二进四 炮2平3

11.车八进九 炮3进3 12.仕六进五 马3退2

13.炮五进四 士6进5 14.炮五退一 马2进3

15.车二平四 车9平6 16.相三进五 卒3进1

17.马九进七 炮3退3 18.车四平七 马3进5

19.车七退一(图25) …………

红方退车吃炮,是稳健的走法。

如图25形势下,黑方有两种走法:炮6进4和炮6进6。现分述如下。

**第一种走法:炮6进4**

19.………… 炮6进4

20.兵五进一 车6进4

黑如改走卒7进1,红则炮七平八;卒7进1,炮五进二;士5进4,车七进六;车6进1(如卒7进1,则炮八进七;将5进1,车七退一;将5进1,炮八平四;马7退6,车七平四,红方呈胜势),兵五进一;卒7进1,车七退六;车6平2,炮八平三;炮6进2,兵五进一;马7进5,炮五平一;马5进4,车七进一;马4进6,车七平五;士4进5,炮一进二,红方优势。

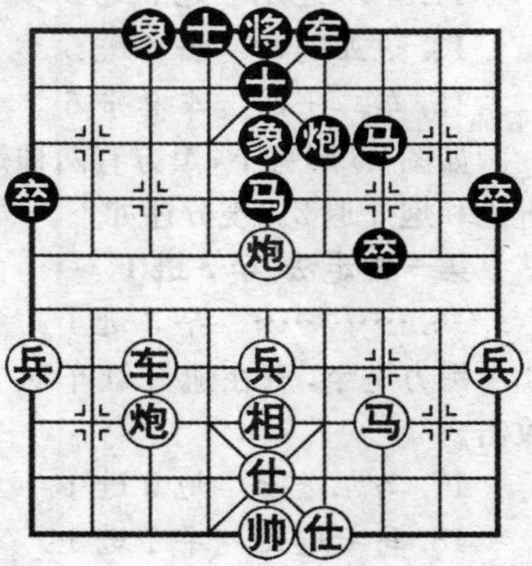

21. 炮七平八　将5平6
22. 相五退三　炮6进2
23. 车七平二　马5进3
24. 炮八平四　将6平5
25. 马三进二　卒7进1
26. 马二进三　马3进5

图25

27. 车二平五　马5退3　　28. 车五平二　炮6平7
29. 马三进一　马7进5　　30. 炮五退二　象5退7
黑方优势。

**第二种走法:炮6进6**

19. …………　炮6进6　　20. 兵五进一　…………
红如改走炮七平八,黑则车6进4;兵五进一,将5平6,黑方可以满意。

20. …………　车6进4　　21. 炮七平六　炮6平7
22. 相五退三　卒7进1　　23. 炮六进三　车6退2
24. 炮六进三　将5平6　　25. 车七进六　马5进3
26. 车七退三　车6进4　　27. 马三进五　马7进8
28. 车七平二　马8退6

双方对攻,各有顾忌。

## 第26局　黑右炮封车对红弃双兵(七)

1. 炮二平五　马2进3　　2. 马二进三　炮8平6
3. 车一平二　马8进7　　4. 兵三进一　卒3进1
5. 马八进九　象7进5　　6. 炮八平七　车1平2
7. 车九平八　炮2进4　　8. 兵七进一　卒3进1
9. 兵三进一　卒7进1　　10. 车二进四　炮2平3

51

11. 车八进九　炮3进3　　12. 仕六进五　马3退2

13. 炮五进四　士6进5　　14. 炮五退一　马2进3

15. 车二平四　车9平6　　16. 炮七平六(图26)············

如图26形势下,黑方有两种走法:卒3
进1和炮3退2。现分述如下。

**第一种走法:卒3进1**

16.············　卒3进1

黑方送卒,意在避开红车对3路线的
攻击。

17. 马九进七　炮6进1

18. 马七进九　卒1进1

19. 车四平七　马7进5

20. 车七退四　卒1进1

21. 相三进五　卒1平2

22. 炮六平七　车6进2

23. 兵五进一　炮6平7

24. 马三进二　炮7平8

25. 马二退三　将5平6　　26. 炮七进四　马5进3

27. 炮七进三　象5退3　　28. 车七进五　炮8平5

黑方补架中炮,是抢先之着。

29. 炮五平四　将6平5　　30. 炮四平五　将5平6

31. 炮五平四　将6平5　　32. 炮四平五

双方不变作和。

**第二种走法:炮3退2**

16.············　炮3退2　　17. 马三进二　炮3平2

18. 车四平七　卒7进1　　19. 马二进三　炮6进2

20. 炮六平七　马3进5

黑方进马,失算,应以改走车6进3为宜。

21. 马三进五　············

红方舍马取象,可谓一击中的,顿令黑方难以招架。

21.············　象3进5　　22. 炮五平八

红方胜势。

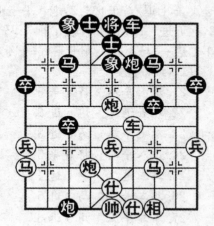

图26

## 第27局　黑右炮封车对红弃双兵（八）

1. 炮二平五　马2进3　　2. 马二进三　炮8平6

3. 车一平二　马8进7　　4. 兵三进一　卒3进1

5. 马八进九　象7进5　　6. 炮八平七　车1平2

7. 车九平八　炮2进4　　8. 兵七进一　卒3进1

9. 兵三进一　卒7进1　　10. 车二进四　炮2平3

11. 车八进九　炮3进3　　12. 仕六进五　马3退2

13. 炮五进四　士6进5　　14. 炮五退一　马2进3

15. 相三进五　…………

红方飞相捉炮，是稳健的走法。

15. …………　卒3进1　　16. 马九进七　…………

红方进马吃卒，是先弃后取之着。如改走炮七平六（如炮七进五，则炮3退7；马九进七，车9平8；车二进五，马7退8，双方局势平稳），则炮3退2；马九进七，车9平8；车二平四，炮6进2；马三进二，车8进3，黑方可以抗衡。

16. …………　炮3退3　　17. 车二平七　将5平6

18. 车七退一　马3进2　　19. 车七平八　马2进4

20. 车八平六　马4进6　　21. 兵五进一　马6进7

22. 帅五平六　车9平8　　23. 炮七退一　前马退9（图27）

黑如改走前马进9，红则车六进三，以下黑方有两种走法：

①车8进6，车六平三，马7退9，车三平一；后马进8，车一进三；将6进1，马三进五；炮6平8，炮七进七；将6进1，车一平二；马8进6，炮七退一，红胜。

②车8进7，炮七进一；卒7进1，车六平三；卒7进1，马三进五；车8平5，车三平一；卒7平6，炮七进四；炮6进7，车三退七，红方得子占优。

如图27形势，红方有两种走法：车六进三和炮五进一。现分述如下：

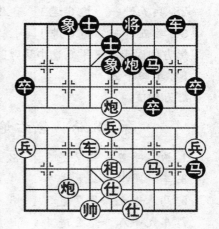

图27

**第一种走法：车六进三**

24.车六进三 …………

红方进车卒林，是力争主动的走法。

24.………… 马7进6

黑方应以改走马9退7为宜。

25.车六平四 马6进7 26.相五退三 …………

红方亦可改走炮七进二，这样黑方难应对。

26.………… 车8进7 27.炮七进一 车8平7

28.炮七平四 将6进1 29.车四退三 卒7进1

30.相三进一 车7平9 31.炮五平八

红方优势。

**第二种走法：炮五进一**

24.炮五进一 马9进8 25.炮七进一 卒7进1

黑如改走马8退7，红则炮七平三；车8平3，兵五进一；马7退9，车六平四；将6平5，相五进七；炮6退2，炮三平七；象3进1，炮七平八；象1退3，炮八进五；车8进2，车四进五；马9退8，炮八进二；车8平4，帅六平五；车4退4，炮五平一；车4平2，炮一进三；炮6进9，帅五平四；车2进8，帅四退一；士5进6，车四平二；马8进7，炮八退一；车2退3，炮八平三；车2平9，炮一平二，红胜。

26.马三退二 车8进9 27.相五退三 车8退6

28.兵五进一 炮6退1 29.车六平四 马7进5

30.兵五进一 炮6进1

黑方如误走车8平5吃中兵，红方则炮七平四，黑方失子。

31.车四平五

红方稍优。

## 第28局 黑右炮封车对红弃双兵（九）

1.炮二平五 马2进3 2.马二进三 炮8平6

3.车一平二 马8进7 4.兵三进一 卒3进1

5.马八进九 象7进5 6.炮八平七 车1平2

7.车九平八 炮2进4 8.兵七进一 卒3进1

9.兵三进一 卒7进1 10.车二进四 炮2平3

11.车八进九 炮3进3 12.仕六进五 马3退2

13. 炮五进四　士 6 进 5　　14. 炮五退一　马 2 进 3

15. 相三进五　卒 3 进 1　　16. 马九进七　炮 3 退 3

17. 车二平七　马 3 进 5　　18. 车七退一　车 9 平 8（图 28）

如图 28 形势下，红方有两种走法：兵
五进一和车七进三。现分述如下。

**第一种走法：兵五进一**

19. 兵五进一　…………

红方进中兵，使车路畅通。

19. …………　车 8 进 3

黑方高车卒林，是以逸待劳的走法。

20. 车七进三　…………

红方亦可改走车七平四。

20. …………　炮 6 进 1

21. 车七进一　马 7 进 6

22. 车七退四　…………

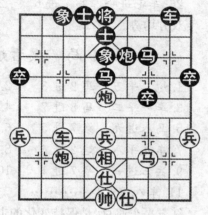

图 28

红方退车略嫌软，应改走炮五进二打象。黑如接走象 3 进 5，红则车七平
五；马 5 进 3，车五退二；炮 6 平 3，车五平七；炮 3 进 4，车七退三，红方易走。

22. …………　卒 7 进 1　　23. 炮五平六　…………

红方平炮失良机，应改走炮五进二打象，再中兵渡河，这样红方足可一战。

23. …………　马 5 进 4

黑马乘机跃出，其势渐盛。

24. 兵五进一　马 4 进 5　　25. 仕五进六　马 6 进 7

26. 炮六进三　象 3 进 1　　27. 车七平五　车 8 进 4

黑方优势。

**第二种走法：车七进三**

19. 车七进三　炮 6 进 1　　20. 车七退二　…………

红如改走车七进一，黑则车 8 进 2；兵五进一，将 5 平 6；车七退四，卒 7 进
1；相五进三，车 8 进 2；相三退五，车 8 平 7；马三进四，车 7 平 6；马四退二，炮 6
平 8；炮七平六，马 5 进 7；炮五平三，象 5 进 7；车七进六，炮 8 平 5；车七退六，炮
5 进 4；仕五进四，车 6 平 4；炮六平八，士 5 进 4；炮八进七，将 6 进 1；车七进五，
士 4 进 5；车七退六，炮 5 退 1；车七进一，炮 5 平 4；炮八退一，士 5 退 4；炮八平
六，红胜。

20. ………… 　车8进3　　21. 炮五平六　　马7进6

22. 兵五进一　炮6平7　　23. 兵五进一　　炮7进4

24. 炮六平四　炮7平3　　25. 车七退二　　马5退7

26. 车七进一　马7进6　　27. 兵五平四

双方均势。

### 第29局　　黑右炮封车对红弃双兵(十)

1. 炮二平五　马2进3　　2. 马二进三　　炮8平6

3. 车一平二　马8进7　　4. 兵三进一　　卒3进1

5. 马八进九　象7进5　　6. 炮八平七　　车1平2

7. 车九平八　炮2进4　　8. 兵七进一　　卒3进1

9. 兵三进一　卒7进1　　10. 车二进四　　炮2平3

11. 车八平九　…………

红方平车避兑,是保持变化的走法。

11. …………　炮6进4

黑方右炮过河,是必然的应对。

12. 车二平七　马3进4　　13. 兵五进一　　…………

红方冲中兵破坏黑方"担竿炮"防御阵形,着法正确。如改走兵九进一,则炮6平7;相三进一,士6进5;车七平六,车2进4;兵五进一,炮3平6;兵五进一,卒5进1;车九平八,车2进5;马九退八,马4退2,黑方多卒占优。

13. …………　炮6平7

黑方平炮攻相,另辟蹊径。

14. 相三进一　…………

红如改走马九进七,黑则炮7进3;仕四进五,马4进3;车七退一,车9平8,黑方弃子有攻势。

14. …………　炮3平6

黑如车2进5,红则车七平八;马4进2,马九进七;马2进3,炮五平六,红方易走。

15. 兵五进一　…………

红方弃中兵,继续采用对攻的走法。如改走车九平八,则局面相对平稳。

15. …………　马4进5

黑方进马,正着。如改走卒5进1,则车九平八;车2进9,炮七进七;士4进

5,马九退八,红方得象,形势大优。

16.车七平四　马5进3　　17.车四退一　炮7平1

18.马九退八　·········

红方退马,准备兑子争先。如改走马九退七,则车2进8;车四平七,车2平3;兵五进一,马7进5;车九进三,车3进1;仕四进五,马3退1;车七退三,士6进5,也是黑方多卒、多象,易走。

18.·········　车2进8(图29)

如图29形势下,红方有两种走法:车九进二和车四平七。现分述如下。

**第一种走法:车九进二**

19.车九进二　·········

红方高车捉马,似佳实劣。

19.·········　马3进4

黑方弃马踩仕,巧妙之着!红方不能帅五平六吃马,否则炮1平2催杀,黑方大优。

20.炮五进四　·········

红如改走帅五平六,黑则炮1平2,黑方大占优势。

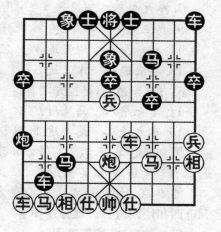

图29

20.·········　马7进5

21.车四平九　车2进1

22.前车平七　马5进3

黑方优势。

**第二种走法:车四平七**

19.车四平七　·········

红方平车捉马,是改进后的走法。

19.·········　马3进1　　20.车七平九　马1退2

21.前车平八　·········

红如改走仕四进五,黑则马2进3;帅五平四,车2退7;后车进一,马3退5;相七进五,车2进8;兵五进一,马7进5;前车进三,这样要比实战走法好。

21.·········　车2退2　　22.兵五进一　马7进5

23.车九进六　车2进3　　24.车九平五　士6进5

25.车五平七　车9平6　　26.仕四进五　车2退2

双方均势。

## 第30局　黑右炮封车对红弃双兵(十一)

1.炮二平五　马2进3　　2.马二进三　炮8平6

3.车一平二　马8进7　　4.兵三进一　卒3进1

5.马八进九　象7进5　　6.炮八平七　车1平2

7.车九平八　炮2进4　　8.兵七进一　卒3进1

9.兵三进一　卒7进1　　10.车二进四　炮2平3

11.车八平九　炮6进4　　12.车二平七　马3进4

13.兵五进一　车2进5

黑方进车邀兑,是抢先之着。

14.车七平八　马4进2　　15.马九进七　马2进3

16.车九进二　炮6进1(图30)

黑方进炮保马,似笨实佳。如改走马3
退1,则马七进六,红方易走。

如图30形势下,红方有两种走法:炮
五进四和仕四进五。现分述如下。

**第一种走法:炮五进四**

17.炮五进四　马7进5

18.车九平七　炮6退6

19.兵五进一　马5进3

20.兵五平六　马3进4

黑如改走马3退2,红则相七进五,红
方易走。

21.车七平六　炮6平4

22.马三进五　士6进5

23.兵六进一　车9平6

24.马七进六　炮4进3　　25.车六进一　炮4平5

26.马五退六　卒7进1　　27.车六进二　炮5平7

黑方易走。

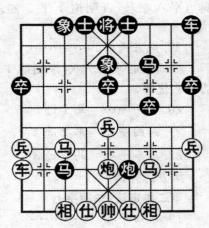

图30

**第二种走法：仕四进五**

17. 仕四进五 …………

红方补仕，着法含蓄有力。

17. ………… 马3进5 18. 车九退一 …………

红方退车捉马取势，正着。如改走炮五进一，则炮6退1（如马5退7，则车九平四；马7退8，车四进五，红优）；马七进六，马5退7；车九平三，车9进1；车三平四，炮6退2，黑方尚可抗衡。

18. ………… 马5退7

黑方兑马，势在必行。如改走马5退3，则车九平四；炮6退3，兵五进一；卒5进1，马三进二，卒7进1，马二进三，红方大优。

19. 炮五平三 马7进8 20. 车九平二 车9平8

21. 车二进二 马8退9 22. 车二平四 炮6平3

23. 马七进六 炮3退3 24. 炮三平五 …………

红方补架中炮，是取势要着。

24. ………… 士6进5 25. 炮五进四 车8进3

黑方进车捉炮，出于无奈。如被红方帅五平四后，黑方难以应付。

26. 马六进四 车8退2 27. 炮五退一 车8平6

黑如改走炮3退3，红则马四进六；炮3平4，帅五平四；车8退1，马六退八，红亦占优势。

28. 马四进六 …………

红方车马炮占位极佳，已是胜利在望了。

28. ………… 将5平6 29. 炮五平四 车6平8

30. 马六退八

红方胜势。

## 第31局　黑右炮封车对红弃双兵（十二）

1. 炮二平五 马2进3 2. 马二进三 炮8平6

3. 车一平二 马8进7 4. 兵三进一 卒3进1

5. 马八进九 象7进5 6. 炮八平七 车1平2

7. 车九平八 炮2进4 8. 兵七进一 卒3进1

9. 兵三进一 卒7进1 10. 车二进四 炮2平3

11. 车八平九 炮6进4 12. 车二平七 马3进4

13. 兵五进一　车2进5　　14. 车七平八　马4进2

15. 马九进七　马2进4(图31)

黑方跃马奔袭卧槽，准备使用弃子抢先的战术争取主动。

如图31形势下，红方有三种走法：马七退九、炮七平六和车九进一。现分述如下。

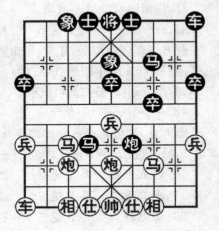

图31

### 第一种走法：马七退九

16. 马七退九　　‥‥‥‥‥

红方退马贪恋得子，得不偿失。

16. ‥‥‥‥‥　炮6进1

黑方进炮邀兑，可使红方主帅不安于位，是跃马奔袭卧槽的续进手段。

17. 炮七平四　马4进6

18. 帅五进一　车9平8

19. 帅五平六　车8进6　　20. 车九平八　卒7进1

21. 仕六进五　车8平4　　22. 仕五进六　卒7进1

23. 马三退一　马6退5

黑方弃子占势，易走。

### 第二种走法：炮七平六

16. 炮七平六　炮6平3　　17. 车九平八　炮3退5

黑方退炮，准备左移取势。

18. 车八进六　车9平8　　19. 车八平七　炮3平7

20. 仕四进五　车8进6　　21. 炮五进一　士6进5

22. 相七进五　车8平7

黑方优势。

### 第三种走法：车九进一

16. 车九进一　　‥‥‥‥‥

红方主动弃退一子，以加快左车的出动速度，是明智的选择。

16. ‥‥‥‥‥　炮6平3　　17. 车九平六　炮3进3

18. 仕六进五　马4退3　　19. 兵五进一　士6进5

黑方补士，是稳健的应法。如改走卒5进1，则车六进四；马3进2(如卒5

进1,则炮七进七;炮3退9,车六平七,红优),马三进五;士6进5,炮五进三,红方易走。

20.兵五平六　马3进2　　21.炮七进一　…………

红方进炮关马,断其归路,是创新的走法。以往红方曾走炮七平八,黑则马7进6;车六进二,炮3平2;兵六进一,卒5进1;马三进五,马6进5;车六平五,车9平6;炮五进三,车6进5,双方大体均势。

21.…………　车9平6　　22.车六平八　马2退1

23.炮七退二　炮3平1　　24.炮五平七　车6进6

25.兵九进一　马7进6　　26.车八进三　…………

红车巡河,是稳健的走法。如改走兵九进一,则马6进4,黑方弃子占势,不难走。

26.…………　卒7进1

黑方强渡7卒,算定可以逼退红马,在对攻中弃子占势,争取主动。

27.兵九进一　…………

红如改走车八平三,黑则车6平2,黑方占优。

27.…………　卒7进1　　28.马三退二　卒1进1

黑方弃子有攻势。

## 第32局　黑右炮封车对红弃双兵(十三)

1.炮二平五　马2进3　　2.马二进三　炮8平6

3.车一平二　马8进7　　4.兵三进一　卒3进1

5.马八进九　象7进5　　6.炮八平七　车1平2

7.车九平八　炮2进4　　8.兵七进一　卒3进1

9.兵三进一　卒7进1　　10.车二进四　炮2平3

11.车八平九　炮6进4　　12.车二平七　马3进4

13.车七平六　马4进2

黑方进马捉炮,着法积极。如改走车2进4,则兵五进一,红方易走。

14.马九进七　…………

红方进马吃炮,是常见的走法。

除此之外,还有两种走法:

①炮七平六,马2进1;车九进二,士6进5;兵五进一,炮6平7;相三进一,炮3平6,黑方满意。

②炮七进七,车2平3;车六平八,炮6平7;马九进七(如马三退五,则士6进5,黑优),炮7进3;仕四进五,车3进6;马三进四,车9平8;马四进六,车3退5;马六进五,车3平5,黑优。

14.⋯⋯⋯⋯ 马2进3　15.车九进二　炮6平3

黑方炮6平3吃马,意在拉长战线。如改走车2进6,则车九平七;车2平3,车七进一;炮6平3,大量子力交换之后,和势甚浓。

16.车九平七　炮3退2(图32)

黑方退炮,正着。如改走车2进6,则车七平六;士6进5,后车进一,拴住黑方车炮,红优。

如图32形势下,红方有两种走法:马三进四和兵五进一。现分述如下。

**第一种走法:马三进四**

17.马三进四　⋯⋯⋯⋯

红方跃马河口,是稳健的走法。

17.⋯⋯⋯⋯ 士6进5

18.马四进五　马7进5

19.炮五进四　车2进3

20.车七进三　车2平5

21.车七退二

双方均势。

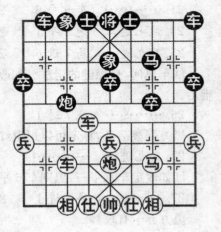

图32

**第二种走法:兵五进一**

17.兵五进一　士6进5　18.兵五进一　卒5进1

19.车六进四　⋯⋯⋯⋯

红方弃中兵,车点象腰,下法强硬。

19.⋯⋯⋯⋯ 车2进2

黑如改走马7进6,红则马三进二;车9平6,马二进三;车2进9,相七进九;马6进5,车七进一;车6进3,车七平五;车6平7,车五进二,红方略优。

20.马三进四　车2平3

正着。除此之外,还有两种走法:

①卒5进1,马四进三;马7退6,马三进五;马6进5,车七进三,红优。

②车9平6,马四进六;马7进6,马六进五;炮3进5,车七退二;马6退5,

车七进九,红优。

21. 仕六进五　卒5进1　　22. 马四进三　马7退6

23. 车七进二　卒5进1　　24. 炮五平六　卒9进1

黑方卒9进1,软着。应改走卒5平4(如车9平8,则炮六进四;马6进7,马三进五;车3平5,车七进一;车8进3,车七进四,红优),红如车六退五,黑则以车3进1谋和为上策。

25. 车六退二　…………

红方六路车退守要津,是获胜关键。

25. …………　车9平8　　26. 炮六进三　卒7进1

27. 炮六平五　车8进4　　28. 马三进一

红胜。

## 第33局　黑右炮封车对红弃双兵(十四)

1. 炮二平五　马2进3　　2. 马二进三　炮8平6

3. 车一平二　马8进7　　4. 兵三进一　卒3进1

5. 马八进九　象7进5　　6. 炮八平七　车1平2

7. 车九平八　炮2进4　　8. 兵七进一　卒3进1

9. 兵三进一　卒7进1　　10. 车二进四　卒3平2

黑方平卒保炮,是保存实力的走法。

11. 兵九进一　…………

红方冲边兵,正着。如改走马九进七,则士6进5;炮七进五,炮6平3;马七进六,炮3进2,黑方多卒,易走。

11. …………　炮6进4

黑方伸炮过河,与右炮呼应,正着。

除此之外,还有两种走法:

①炮6进2,马九进八;炮6平2,车二平七;马3进4,车七平六;马4退6,马三进四;士6进5,马四进六;卒5进1,马六进七;车2进2,马七退八;炮2退2,马八退九;炮2进2,车六退一;炮2进2,马九进七;炮2退2,车六进五;象3进1,仕六进五,红优。

②车9平8,车二平八;车2进5,马九进八;炮2平9,马三进一;车8进6,马八进七;车8平9,车八进七;马3退5,马七进五,黑方不敢吃马,因红方车八平五后构成闷杀。红方胜势。

**12. 车二平八**　············

红方平车吃卒，正着。

**12.**　············　**车 2 进 5**　　**13. 马九进八**　**炮 6 平 7**

黑方平炮压马攻相，是争先之着。如改走马 3 进 2，则兵五进一；马 2 进 4，马八进七，红方易走。

**14. 马八进七（图 33）**　············

红方进马弃相，是正确的选择。

如图 33 形势下，黑方有三种走法：炮 7 进 3、象 5 进 3 和炮 2 平 3。现分述如下。

**第一种走法：炮 7 进 3**

**14.**　············　**炮 7 进 3**

黑方炮轰底相，是力争主动的走法。

**15. 仕四进五**　**炮 2 平 3**

**16. 马七进五**　············

红马踏象，争取对攻速度，是创新之着。

**16.**　············　**象 3 进 5**

黑如改走炮 3 进 3 打相，红则车八平七；象 3 进 5，炮七平九，对攻中红方占先。

**17. 炮七进五**　**车 9 平 8**

黑方弃马亮车，势在必行。如改走象 5 退 3，则车八进三；炮 3 进 2，马三进四，红优。

**18. 车八进三**　············

红方进车捉炮，是取势要着。如改走炮七平三，则炮 7 平 9；仕五进四，车 8 进 9；帅五进一，车 8 退 1；帅五退一，卒 7 进 1；车八进七，士 6 进 5，车八平五，车 8 退 6，双方对攻。

**18.**　············　**炮 3 进 2**

黑如改走炮 3 退 2，红则炮七平三；炮 7 平 9，仕五进六，卒 7 进 1（如炮 3 进 4，则马三进四；炮 3 平 8，炮五进四；士 6 进 5，炮三退一，黑难应付），炮五进四；士 6 进 5，炮五平三；炮 3 平 8（如车 8 进 9，则帅五进一；车 8 退 6，车八进三；炮 9 平 3，炮三退三；炮 3 进 3，车八平四，红方占势，易走），帅五进一，红方多子占优。

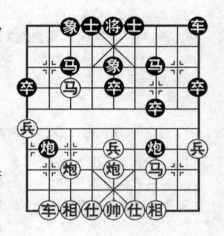

图 33

19. 炮七平三　炮7平9　　20. 车八平七　车8进9

21. 马三退四　车8退6　　22. 马四进三　炮3平4

23. 炮五平八

对攻中,红方多子易走。

**第二种走法:象5进3**

14. ⋯⋯⋯⋯⋯　象5进3

黑方飞象蹩马,是稳健的选择。

15. 相三进一　⋯⋯⋯⋯⋯

红如改走仕四进五,黑则车9进1;兵五进一,车9平2;兵五进一,炮2平3;兵五进一,士4进5;兵五平六,象3进5;车八进九,炮3退3;兵六平七,马3进5;车九进三,卒7进1;炮五进三,车2进4;兵七平六,马5进7;车九平七,前马进5;车七平六,车2退2;炮七平五,马7进8;车六进一,马8退6;兵六进一,车2退1;兵六平五,象3退5;车六进二,马6退8;马三进五,卒7平6;马五进七,红优。

15. ⋯⋯⋯⋯⋯　车9进1

黑方高横车,准备支援右翼。如改走马7进6,则马七退五;炮2平3,炮七进三;马6退5,车八进七;马3退5(如马3进4,则车八平六;卒5进1,炮七平五,红优),车八平六,红方大占优势。

16. 兵五进一　车9平2　　17. 仕六进五　象3进5

18. 兵五进一　士6进5　　19. 马三进五　⋯⋯⋯⋯⋯

红如改走车八进二,黑则车2退1;马三进五,卒5进1;马七退五,马3进5;炮七退一,炮7平8;后马进七,卒7进1;马五退三,马5进6;炮七平八,马7进8;炮八进二,马6进4;炮八平二,马4进2;马七进五,红优。

19. ⋯⋯⋯⋯⋯　卒5进1　　20. 马七退五　⋯⋯⋯⋯⋯

红如改走马五进六,黑则马7进6;马六进七,卒5进1;车八进二,车2进1;后马退五,炮7平8;炮七退一,黑方形势不错。

20. ⋯⋯⋯⋯⋯　马3进5　　21. 车八进二　炮7平8

22. 后马进七　炮8进3　　23. 相一退三　炮8退8

24. 炮七退一　炮2平8　　25. 车八进六　后炮平2

26. 炮七平九　炮8退3　　27. 炮五平九　炮2平1

28. 相七进五　士5进4　　29. 马七退八

红方稍好。

**第三种走法:炮2平3**

14. ·········· 炮2平3    15.相三进一 ··········

红如改走马七进五,黑则炮3进3;车八平七,象3进5,红方有顾忌。

15. ·········· 士6进5

黑如改走象5进3,红则炮七进三;炮3退3,炮七进二;炮3进4,车八进二;炮3平7,炮五退一,红可追回一子,以多相占优。

16.马七进五    象3进5

黑如改走炮3进3,红则车八平七;象3进5,炮七平九;马3退1,兵五进一,红方大占优势。

17.炮七进五    车9平6    18.炮五平七 ··········

红方平炮催杀,并可乘机调整阵形,是攻守两利的好棋。

18. ·········· 炮3平4    19.前炮平九    炮4平3

黑如改走车6进7捉双,红则炮九进二;象5退3,车八进九;士5进4,炮九平七;士4进5,前炮退五;士5退4,前炮平五;将5平6,相七进五,红优。

20.相七进五    车6进4    21.车八进七

红方优势。

## 第34局    黑右炮封车对红弃双兵(十五)

1.炮二平五    马2进3    2.马二进三    炮8平6

3.车一平二    马8进7    4.兵三进一    卒3进1

5.马八进九    象7进5

6.炮八平七    车1平2

7.车九平八    炮2进4

8.兵七进一    卒3进1

9.兵三进一    卒7进1

10.车二进四    卒3平2

11.兵九进一    炮6进4

12.车二平八    车2进5

13.马九进八    炮6平7(图34)

如图34形势下,红方有两种走法:相三进一和炮七进四。现分述如下。

**第一种走法:相三进一**

14.相三进一 ··········

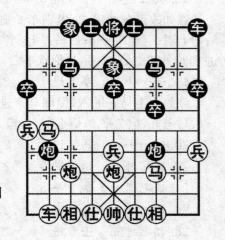

图34

红方飞边相,嫌缓。

14. ………………　马3进2

黑如改走马7进6,红则马八进七;象5进3,马七退五,红优。

15. **兵五进一** ………………

红如改走车八进一,黑则马2进4;炮七平六,车9进1;车八平七,车9平2;马八进六,炮2进3;马六退四,马4进2;车七进一,车2进4;马四进五,马7进6;马五退七,马2进4;车七平六,士6进5;马七退五,车2平3,黑优。

15. ………………　炮2平6　　16. **马八进六** ………………

红如改走兵五进一,黑则马2进4;兵五平六,车9进1;炮七进五,马7进6;马八进九,马4进5;相七进五,马6进4;相一退三,炮6退3;车八进八,士6进5;马九退八,车9平8,黑优。

16. ………………　马2进4　　17. **马六进八** ………………

红也可改走炮七进二,黑如车9进1,红则炮五平九(如车八进一,则车9平3;车八平四,炮6平1;车四平九,马4进3;马六进八,车3进4;马八退七,马3进1;马七退九,马1退2;马九退八,马2进3;帅五进一,马3退4;马八进六,炮7平8,黑优);车9平3,马六进八;车3进1,车八进二;车3平2,双方呈均势。

17. ………………　车9进1　　18. **炮七平六** ………………

红如改走马八进六,黑则车9平4;炮七平六,炮6平4;马六退八,炮4进3;车八进二,马4进5;相七进五,炮4平1,红无便宜可占。

18. ………………　马4退3　　19. **车八进一**　车9平2

20. **车八平四**　炮6退2　　21. **炮六进四**　车2平4

黑方易走。

**第二种走法:炮七进四**

14. **炮七进四** ………………

红方进炮压马,使黑有马7进6对抢先手的手段。

14. ………………　马7进6

黑方左马盘河,是保持变化的走法。除此之外,还有两种走法:

①炮7进3,仕四进五;车9平8(如炮2进3,则马八进六;炮3退2,车八进七,红优),车八进三;炮7平9,仕五进四;卒7进1,兵五进一,红优。

②车9进1,马八进六;马3退9,仕四进五;车9平2,兵五进一;炮7进3,马六进四;炮7平9,马三进五;马7进6,炮五平二,红优。

15. **马八进六**　马6进4

16.仕四进五　●●●●●●●●●●●

红如改走马六进七,黑则马4退3;炮五进四,士6进5;相三进五,车9平6,红无便宜可占。

16.●●●●●●●●　车9平8　　17.相三进一　炮2平3

黑方平炮保马,正着。如改走士6进5,则兵五进一,红方易走。

18.炮五平九　卒5进1

黑如改走炮3退2,红则车八进四;马4进6,仕五进四,红优。

19.车八进四　●●●●●●●●

红如改走车八进七,黑则炮3退2;炮七进三,象5退3;车八平七,马4进2;炮九平八,车8进3,黑方反先。

19.●●●●●●●●　车8进3　　20.车八平六　车8平3

21.马六退八　●●●●●●●●

红如改走兵五进一,黑则炮3退2;兵五进一,炮3平5;车六平五,车3进4,下伏炮7平3攻相的手段,黑方不难走。

21.●●●●●●●●　车3进1　　22.兵五进一　炮3平2

黑方平炮捉相,是争取对攻的走法。

23.车六退一　炮2进3　　24.炮九退二　●●●●●●●●

红如改走车六平三,黑则车3进5;车三平八,炮2退4;车八进一,车3退2,黑可找回一子。

24.●●●●●●●●　车3进1　　25.马八退九　炮2退8

26.车六平三　车3进4　　27.车三平八　车3平1

28.马九退七　车1退1　　29.车八进五　车1平3

30.兵五进一　车3退4　　31.车八平七　马3进5

双方和势。

## 第35局　黑右炮封车对红弃双兵(十六)

1.炮二平五　马2进3　　2.马二进三　炮8平6

3.车一平二　马8进7　　4.兵三进一　卒3进1

5.马八进九　象7进5　　6.炮八平七　车1平2

7.车九平八　炮2进4　　8.兵七进一　卒3进1

9.兵三进一　卒7进1　　10.车二进四　卒3平2

11.兵九进一　炮6进4　　12.马九进八　●●●●●●●●

红方进马吃卒,是比较少见的走法。如改走炮七进四,则车2进3;马九进八,车9进1;车二平七,炮6平7;马三退五,马3退2,马五进七,车9平3;兵五进一,炮2平6;兵五进一,士4进5;兵五进一,马2进1,黑优。

12.…………… 炮6平7

13.相三进一 车2进4(图35)

黑方升车限制红马活动,是稳健的走法。这里黑方应改走车9进1,红如车二平七(如马八进七,则炮2平3),黑则马3进4;兵五进一,炮2平5;仕六进五,车9平2,黑方反先。

如图35形势下,红方有三种走法:车二平七、车二平六和车八进二。现分述如下。

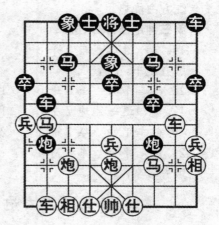

图35

**第一种走法:车二平七**

14.车二平七 马3进4

15.兵五进一 炮2平5

16.仕六进五 士6进5

17.马八退九 车2进5

18.马九退八 炮5平6

19.车七平六 马4进6　20.兵五进一 车9平6

21.兵五进一 马7进5　22.车六平五 炮6进2

黑方弃子抢先,着法有力。

23.炮五进四 车6进3　24.车五退一 卒7进1

黑可找回一子,占优。

**第二种走法:车二平六**

14.车二平六 车9进1

黑方高左车准备支援右翼,正着。如改走士6进5,则兵五进一;炮2平6,车六进四;象3进1,兵五进一,车9进2,车六退四;炮6退6,车八进三;卒7进1,车八平七;马3退1,相一进三,马7进8,兵五进一,红优。

15.兵五进一 炮2平6　16.兵五进一 车9平2

17.车六平七 …………

红如改走车六平四,黑则炮6平4;车四退一,炮4退1;车四平三,炮4平

5；马三进五，前车进1；车八进四，车2进4；炮五进二，车2平5；炮七平五，车5平1；兵五平四，车1进1；兵四平三，马3进4；马五进四，车1平7；马四退三，马进6，双方均势。

17. ……………　马3退5　　18. 车七平四　炮6平3

19. 兵五平六　炮7平4　　20. 仕六进五

红方占优势。

**第三种走法：车八进二**

14. 车八进二　车9平8

黑方兑车，正着。

15. 车二平四　士6进5　　16. 兵五进一　车2进1

17. 车四退一　炮7平8　　18. 车四平八　车2平5

19. 前车平四　卒7进1　　20. 炮五退一　车5平4

21. 炮七平六　车8进4

黑方多卒占优。

## 第36局　黑右炮封车对红弃双兵（十七）

1. 炮二平五　马2进3　　2. 马二进三　炮8平6

3. 车一平二　马8进7　　4. 兵三进一　卒3进1

5. 马八进九　象7进5　　6. 炮八平七　车1平2

7. 车九平八　炮2进4　　8. 兵七进一　卒3进1

9. 兵三进一　卒7进1

10. 车二进四（图36）…………

如图36形势下，黑方有两种走法：卒3进1和卒7进1。现分述如下。

**第一种走法：卒3进1**

10. ……………　卒3进1

11. 马九进七　车9进1

黑如改走士6进5，红则炮七进五；炮2平5，炮五平八；炮5退2，炮七平四；车2进6，车二进二；车2平3，车二平五；车3平5，仕四进五；车5退1，马三进二；车5平8，车五退一；士5进6，双方和势。

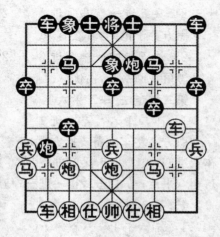

图36

12. 炮七进五　　炮6平3　　13. 马七进六　　炮3平4

14. 马三进四　　车2进4　　15. 马六进七　　车2进1

16. 马七退九　　车2退2　　17. 马四退三　　炮4平2

18. 马九退八　　车2平4　　19. 车二平七　　马7进6

20. 车七平四　　马6进4　　21. 车八进二　　卒7进1

22. 车四平三　　车9平3　　23. 车八平六　　车3进4

24. 马八进七　　马4进5　　25. 相三进五　　车3平7

26. 车六进四　　车7进2　　27. 马七退九　　前炮进3

28. 马九进八　　车7平5　　29. 仕四进五　　车5退1

黑方残局占优。

### 第二种走法：卒7进1

10. ⋯⋯⋯⋯⋯　　卒7进1

黑方弃卒引开红车，使左车快速投入战斗。

11. 车二平三　　马7进6　　12. 车三平七　　车9平7

13. 炮七进五　　⋯⋯⋯⋯⋯

红如改走马三进四，黑则车7进5；炮七进五，炮6平3；炮五进四，士6进5；相七进五，车7平8；车八进一，车2进3；炮五退一，车2进1；炮五进一，车2平5；炮五平四，象5进3；炮四平七，炮3平6；马四退三，车8进2；车八进二，车8平7；兵五进一，车5退1；兵五进一，车5进1；仕六进五，双方均势。

13. ⋯⋯⋯⋯⋯　　炮6平3　　14. 炮五进四　　⋯⋯⋯⋯⋯

红如改走马三进二（如马三进四，则车7进5；炮五进四，士6进5；相七进五，车7平8；马四进六，车8平3；相五进七，炮3进2；相七退五，车2进3；炮五退一，象3进1；仕六进五，车2平4；马九进七，炮2平5；马六退五，马6进5；车八进四，双方呈均势），黑则马6进8；炮五进四，士6进5；车七平二，车2进3；炮五退一（如炮五退二，则车7平6；仕六进五，炮3进4；相七进五，炮3平1；马九退七，炮2进2；马七进六，车2进1；马六进五，车2平5；车八进一，炮1平9；车八进五，和势），炮3平1；车八进一，炮2进1；兵五进一，车7平6；车二退二，炮1平2；车八平七，车6进5；车二进七，车6退1；车二退一，车2平5；相七进五，红优。

14. ⋯⋯⋯⋯⋯　　士6进5　　15. 马三进二　　马6退7

黑方退马避兑，略嫌软弱。应改走马6进8，红如接走车七平二，黑则车2进3；炮五退二，炮2进1；相三进五，卒1进1，红方略优。

16. 炮五退二 车2进2　　17. 车七退一 炮2进1

18. 车七退一 车7平8　　19. 马二进三 炮2退1

20. 车七进一 炮2进1　　21. 马三退五 车8进4

22. 马五退三 车8平7　　23. 相七进五 马7进5

24. 车七进三 马5进3　　25. 炮五平四 炮3平4

26. 炮四退二

红方优势。

## 第37局　黑右炮封车对红弃双兵(十八)

1. 炮二平五 马2进3　　2. 马二进三 炮8平6

3. 车一平二 马8进7　　4. 兵三进一 卒3进1

5. 马八进九 象7进5　　6. 炮八平七 车1平2

7. 车九平八 炮2进4　　8. 兵七进一 卒3进1

9. 兵三进一 车9平8

黑方出车邀兑,是近期较为少见的走法。

10. 兵三进一 车8进9　　11. 马三退二 马7退8(图37)

黑如改走马7退9,红则车八进一;士4
进5,炮五平二;炮2平3,车八进八;炮3平
3,仕六进五;马3退2,炮七平八;炮6平8,
马二进三;马2进3,炮八进六;士5退4,炮
八平七;炮8进4,马三进二;炮3平1,马二
进四;卒3平2,兵三进一,黑方有失子危
险,红优。

如图37形势下,红方有两种走法:兵
三平四和车八进一。现分述如下。

**第一种走法:兵三平四**

12. 兵三平四　　‥‥‥‥‥‥

红方平兵捉炮,实战效果欠佳。如改
走炮七进五,黑则炮6平3;炮五进四,士6

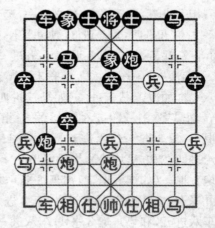

图37

进5;炮五平一,马8进6;兵三平二,车2进4;马二进三,卒1进1;相七进五,卒
3进1;仕六进五,炮2进1;马三进四,卒3平2;车八平六,炮3进5;马九退八,
炮2进1;马八进六,车2平6,黑方易走。

12. …………　炮6平8

黑如改走炮6平9,红则车八进一;炮2平3,炮五进四,士4进5,炮七平三;马8进7,车八进八;马3退2,马九进七;卒3进1,炮五退一;将5平4,炮三进四;炮9进4,马二进三;炮9平7,兵九进一;马2进3,炮五平三;炮7退3,炮三进二;炮7进6,炮三退七;马3进4,兵四平三,红方多子,大占优势。

13. 车八进一　马3进4

黑方进马捉兵,是抢先之着。

14. 兵四进一　…………

红如改走车八平四,黑则卒3进1;炮五进四,士4进5;炮七平三,马8进7;兵五进一,马7进5;兵四平五,车2进5;兵五进一,车2平5;车四平五,马4进5,黑方满意。

14. …………　士4进5　　15. 炮五进四　车2进3

黑方升车捉炮,是居安思危的佳着。

16. 炮五退二　马4进5　　17. 炮七平三　马5退7

18. 车八平四　车2平5　　19. 炮五退二　车5平8

20. 车四进三　…………

红如改走马二进一,黑则炮2平5;仕四进五,车8进4,也是黑优。

20. …………　炮2平5　　21. 仕六进五　车8平4

22. 马九退八　卒3进1

黑方胜势。

**第二种走法:车八进一**

12. 车八进一　…………

红方高车,是改进后的走法。

12. …………　马3进4

黑方跃马,是对攻之着。如改走士4进5,则车八平二;卒3进1,马九进七;炮2平5,仕四进五;车2进6,炮七进五;炮6平3,马七进六;炮3进2,车二进八;炮5平3,相七进九;前炮进2,车二退五;前炮平1,车二平七;炮1进1,相九退七;车2进3,帅五平四;炮3进5,帅四进一;炮3平7,马二进三;炮1退1,车七退三;车2退2,马三进四,红方多子,胜势。

13. 马二进三　…………

红方进马保兵,正着。如改走炮五进四,则士4进5;炮七平一,炮6平9;马二进三,马8进6;兵三平四,马4退6;炮五平一,前马进4;相三进五,卒3进1;

兵五进一，炮2进1；兵五进一，马4退3；相五退三，卒3进1；车八平三，车2进3；前炮退二，车2平7，黑优。

13.……………　士4进5

黑方补士，是稳健的走法。如改走卒3进1，则车八平六，车2进4，炮五进四；士4进5，炮七平五；炮6进5，仕四进五；炮6平1，相七进九；马4进5，马三进二；车2进1，马二进一；车2平7，马一进二；马8进6，车六进七；马6进7，前炮平四，黑方难应。

14.车八平二　……………

红方平车捉马，是改进后的走法。以往红方多走车八平六，黑方则车2进4；炮五进四，马8进6；炮五平一，炮6平9；兵三平二，炮2进1；炮七退一，卒3进1；车六进一，炮2平7；车六平三，马4进5；马九进七，车2进2；车三进六，车2平3；炮七平三，马5进6；车三平四，马6退4；炮三平六，车3平9；炮一平九，车9平1；炮九平三，车1平7，双方大体均势。

14.……………　马8进6　　15.车二进四　车2进4

16.炮五平四　……………

红如改走兵三平四，黑则炮6平7；马三进四，马4进2；兵九进一，车2平8；马四进二，炮2平1；炮七进七，红优。

16.……………　马4进2　　17.车二平八　炮2退2

18.炮七平五　炮2平6　　19.兵三平四　后炮平7

20.马三进二　炮6平3　　21.兵九进一　炮3进5

22.帅五进一　马6进8　　23.马九进八　卒3平2

24.炮五进四　炮7进6　　25.炮四平三　将5平4

26.炮三进五　炮7平9　　27.兵四平三

红方优势。

## 第38局　黑右炮封车对红挺边兵（一）

1.炮二平五　马2进3　　2.马二进三　炮8平6

3.车一平二　马8进7　　4.兵三进一　卒3进1

5.马八进九　象7进5　　6.炮八平七　车1平2

7.车九平八　炮2进4　　8.兵九进一　……………

红方挺边兵，是稳步进取的走法。

8.……………　士6进5

黑方补左士,是常见的走法。如改走车9平8,则车二进九;马7退8,车八进一,红方先手。

9. 兵五进一　‥‥‥‥‥

红方挺中兵,避开黑方过河炮的威胁,为左车迂回开出创造条件。

9. ‥‥‥‥‥　车9平6

黑车占肋,准备伸炮仕角兑炮,是争先的走法。

10. 炮五平四　‥‥‥‥‥

红方平炮打车,正着。除此之外,还有三种走法:

①仕四进五,车6平8;车二进九,马7退8,车八进一,马8进6;车八平六,马6进8,车六进五,马8进9,黑方满意。

②车八进一,炮6进5;炮七平四,车6进7;车八平三,炮2进2;车二进七,马7退6;马三进二,车6平8,黑呈反先之势。

③仕六进五,车6平8;车二进九,马7退8;马三进四,炮6平7;马四进五,马3进5;炮五进四,卒7进1;相七进五,卒7进1;兵七进一,马8进6;炮五退一,象3进1;兵七进一,象1进3;马九进七,马6进7;炮五进一,马7进6;炮五退一,马6进5;相三进一,马5退3,黑方多子,大占优势。

10. ‥‥‥‥‥　车6平8

黑方平车邀兑,是稳健的走法。如改走炮6进7,则相三进五,黑无后续手段,红方易走。

11. 车二进九　马7退8　　12. 车八进一　‥‥‥‥‥

红方高横车,准备右移助攻,势在必行。

12. ‥‥‥‥‥　马8进7

黑如改走马8进9,红则车八平二,马3进4,炮四平五;马4进5,马三进五;炮2平5,仕四进五;车2进7,车二进二;车2平3,车二平五;车3平2,车五平二;车2退4,车二进四;象5退7,兵五进一;将5平6,炮五进四;炮6平1,车二退四;士5进6,车二平四;士4进5,炮五平一,红方多兵占优。

13. 马三进二　‥‥‥‥‥

红方外肋进马,是创新的走法。以往多走车八平二,黑则马3进4;相三进五,炮2进1;车二进二,车2进6;车二平六,马4退3;仕四进五,双方大体均势。

13. ‥‥‥‥‥　炮2平1

黑如改走炮2平9,红则车八平三,也是红方易走。

14. 车八进八　马3退2　　15. 炮四平三(图38)　‥‥‥‥‥

如图 38 形势下,黑方有两种走法:炮 1 平 9 和马 7 退 9。现分述如下。

**第一种走法:炮 1 平 9**

15.………… 炮 1 平 9

黑方炮打边兵略嫌急躁,虽得一兵,但放出红马,得不偿失。

16. 兵三进一 象 5 进 7

17. 马二进四 ………

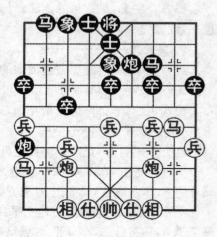

图 38

红方进马捉马,是创新的走法。如改走炮七进三,则炮 6 平 5;仕六进五,炮 5 进 3;帅五平六,卒 5 进 1;马二进三,马 7 进 5,双方和势。

17.………… 马 7 退 9

黑如改走炮 6 进 1,红则马九进八,下伏马八进六捉炮的先手,黑方亦难应付。

18. 炮三平五 象 7 退 5

19. 炮五进四 卒 7 进 1　　20. 马四进六 炮 6 退 1

21. 炮五平九 马 9 进 7　　22. 炮七进三 ………

红方连吃两卒且子力占位好,并占据多兵之利。

22.………… 士 5 进 4　　23. 相七进五

红方优势。

**第二种走法:马 7 退 9**

15.………… 马 7 退 9

黑方退马先避一手,是可走之着。

16. 炮三进四 马 9 进 8　　17. 兵三进一 ………

红方弃兵,佳着。如改走相三进五,则炮 6 进 3;兵三进一,炮 6 平 1;马二进四,炮 1 退 1;马四进六,后炮平 7;炮七进三,炮 1 平 9,炮七进一,炮 9 平 5;仕四进五,马 2 进 1;炮七平八,炮 7 平 3;马六退七,马 8 进 7;马七退五,马 7 进 5,双方均势。

17.………… 象 5 进 7　　18. 兵七进一 象 3 进 5

19. 兵七进一 象 5 进 3　　20. 马九进七 象 7 退 5

21. 马七进六 …………

红方弃兵跃马控制要道,先手逐渐扩大。

21.…………　马2进4　　22.仕六进五　卒9进1

23.相七进五　马4进2　　24.炮七平九　卒9进1

25.马二进四　象5进7　　26.马六进七　卒9进1

27.马七退五

红方优势。

## 第39局　黑右炮封车对红挺边兵(二)

1.炮二平五　马2进3　　2.马二进三　炮8平6

3.车一平二　马8进7　　4.兵三进一　卒3进1

5.马八进九　象7进5　　6.炮八平七　车1平2

7.车九平八　炮2进4　　8.兵九进一　士6进5

9.兵五进一　车9平6　　10.炮五平四　车6平7

黑方平象位车,着法稳健。

11.相三进五　马3进4(图39)

黑如改走卒7进1,红则兵三进一;马7退6,车二进五,红方形势稍好。

如图39形势下,红方有三种走法:炮七退一、仕四进五和车八进一。现分述如下。

**第一种走法:炮七退一**

12.炮七退一　…………

红方退七路炮,避免黑方马4进5硬兑,还可伺机右移助攻。

12.…………　车2进2

13.车八进一　炮2平1

14.车八进一　…………

红方升车静观其变,是老练的走法。

14.…………　马4进5

15.车八进五　…………

红如改走车二进二,黑则马5进7;车二平三,炮1平9,黑方易走。

15.…………　马5进7

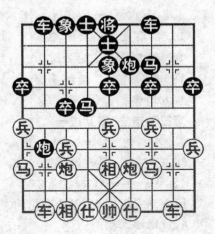

图39

黑方吃马,再换一子。如改走炮6平2,则马三进四,也是红占主动。

16.车八退四　前马进8　　17.车八平九　卒7进1

18.兵七进一　…………

红方冲七兵活通车路,是机警之着。如改走兵三进一,则马7退6;兵三平二,车7进6,黑不难走。

18.…………　卒7进1　　19.兵七进一　卒7进8

20.车九平四　炮6进5　　21.车四退一　车7平6

22.车四进七　将5平6　　23.兵七平六

红方兵种齐全,略占优势。

**第二种走法:仕四进五**

12.仕四进五　车2进2　　13.车二进六　车7平8

黑方兑车,简化局势。如改走炮6进4,则车八进一;车7平8,车二进三;马7退8,车八平六;马4进5,炮七退一;炮6平7,马三退一;马8进6,车六进四;炮2退2,车六退一;马6进8,车六平八,红方仍持先手。

14.车二进三　马7退8　　15.马三进二　马8进9

16.车八进一　炮2进1　　17.炮七退一　炮2平6

18.车八进六　后炮平2　　19.仕五进四　卒9进1

双方均势。

**第三种走法:车八进一**

12.车八进一　…………

红方高左车,是改进后的走法。

12.…………　车2进2

黑方高车生根,是保持变化的走法。如改走马4退6兑炮,则炮四进五;士5进6,这样局面相对简化。

13.车二进六　炮2平1　　14.车八进六　…………

红方兑车,是简明的走法。如改走车八平六避兑,则马4进5,红方无便宜可占。

14.…………　炮6平2　　15.仕四进五　车7平6

黑方平肋车,是求变的走法。如改走车7平8兑车,则车二进三;马7退8,局势立趋平稳。

16.马三进二　车6进5　　17.马二进三　车6平5

18.车二退一　车5平4

黑方平肋车保马，是无奈之着。如改走马 4 进 6（如车 5 退 1，则车二平五；卒 5 进 1，马三退五，红方易走），则车二平四，也是红方占优。

19. 兵七进一　……………

红方兑兵，伏有退车捉炮的先手，是迅速扩大优势的有力之着。

19. ……………　卒 3 进 1　　20. 车二退二　炮 1 平 4

黑如改走炮 1 平 3，红则炮七进二；炮 3 平 4，马三进一，红方亦大占优势。

21. 炮七平六　炮 4 平 3　　22. 炮六进三　车 4 退 1

23. 相五进七　炮 3 进 1　　24. 马九进八　炮 3 进 1

25. 马八进九　车 4 进 1　　26. 马三进一

红胜。

## 第 40 局　　黑右炮封车对红挺边兵（三）

1. 炮二平五　马 2 进 3　　2. 马二进三　炮 8 平 6

3. 车一平二　马 8 进 7　　4. 兵三进一　卒 3 进 1

5. 马八进九　象 7 进 5　　6. 炮八平七　车 1 平 2

7. 车九平八　炮 2 进 4　　8. 兵九进一　士 6 进 5

9. 兵五进一　车 9 平 6　　10. 炮五平四　车 6 平 7

11. 相三进五　马 7 退 6

黑方退马，准备兑卒亮车，略嫌缓。

12. 兵七进一　……………

红方弃兵打通兵线，解除黑炮封锁，是改进后的走法。以往红方多走车二进五，黑则炮 2 退 2；炮四进三，炮 2 平 6；车二平四（如车八进九，则卒 7 进 1），车 2 进 9，马九退八，黑可抗衡。

12. ……………　卒 3 进 1

13. 炮四进二（图 40）　……………

如图 40 形势下，黑方有两种走法：卒 3 进 1 和马 3 进 4。现分述如下。

**第一种走法：卒 3 进 1**

13. ……………　卒 3 进 1

黑方冲卒送吃，略嫌软弱。

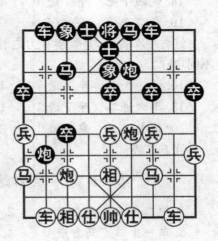

图 40

14. 马九进七　卒7进1

　　黑如改走马3进4,红则马七进六;炮2平5,马三进五;车2进9,马五进七,红方一车换得马、炮活跃,也是红方易走。

15. 炮七进五　炮6平3

16. 炮四退一　‥‥‥‥‥‥

　　红方退炮,构思甚是巧妙,实出黑方所料。

16. ‥‥‥‥‥‥　象5进3

　　黑如改走炮2进1,红则炮四平三,红方易走。

17. 车八进三　车2进6　　18. 炮四平八　炮3进4

19. 车二进三　炮3进1

　　黑如改走炮3进2,红则车二平七吃象,红优。

20. 马三进五　炮3平4　　21. 车二进二　炮4退5

　　黑方应以改走象3退5为宜。

22. 兵三进一　炮4平5　　23. 仕六进五　卒5进1

24. 马五进七　卒5进1　　25. 炮八进一

　　红方优势。

**第二种走法:马3进4**

13. ‥‥‥‥‥‥　马3进4

　　黑方进马,是可走之着。

14. 炮四平七　卒7进1　　15. 车二进三　炮2进2

16. 车二平六　‥‥‥‥‥‥

　　红方平车捉马,是紧凑有力之着。如改走仕四进五,则车2进2,双方另有不同攻守。

16. ‥‥‥‥‥‥　车2进7　　17. 后炮进七　象5退3

18. 车六进二　卒7进1　　19. 马三进五　卒7平6

20. 炮七退三　象3进1　　21. 马五进七

　　红方优势。

# 第41局　黑右炮封车对红挺边兵(四)

1. 炮二平五　马2进3　　2. 马二进三　炮8平6

3. 车一平二　马8进7　　4. 兵三进一　卒3进1

5. 马八进九　象7进5　　6. 炮八平七　车1平2

───────────────

7. 车九平八　炮 2 进 4　　8. 兵九进一　士 6 进 5

9. 兵五进一　马 3 进 4

黑方跃马河口，不怕丢失中卒，着法新颖。

10. 兵七进一……

红弃七兵，嫌急。如改走车二进六，则炮 6 进 4；车二退三，车 9 平 6；仕四进五，车 2 进 3；炮五平四，炮 6 平 5；相三进五，卒 3 进 1；炮四退二，炮 5 进 2；兵七进一，炮 5 平 2；车八平九，前炮平 7，黑优。

10. ……　卒 3 进 1　　11. 炮五进四　马 4 进 3（图 41）

如图 41 形势下，红方有两种走法：马三进五和兵五进一。现分述如下。

**第一种走法：马三进五**

12. 马三进五……

红方进中马，授人以隙。

12. ……　炮 2 平 5

黑方舍车打马，是算准了一车换双后可以反夺主动权，实战中弈来甚是精彩好看！

13. 车八进九……

红如改走炮五退三，黑则车 2 进 9；马九退八，马 3 退 5；车二进五，卒 7 进 1；车二平三，车 9 平 8；车三平五，卒 3 平 4；炮七平

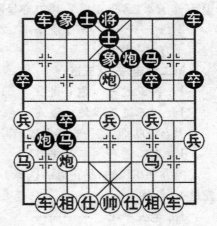

**图 41**

五，车 8 进 4；后炮进二，车 8 平 5；后炮进二，卒 4 平 5；马八进九，炮 6 退 1；马九进八，炮 6 平 9；马八进九，将 5 平 6；马九进七，炮 9 进 5，双方和势。

13. ……　炮 5 退 3　　14. 炮七平五　马 3 退 5

黑方再度舍炮踩兵，战法十分积极有力。如改走炮 5 进 4，则马九进七；卒 3 进 1，相七进五，红优。

15. 炮五进四　炮 6 进 1　　16. 炮五平三……

红如改走仕六进五，黑则马 7 进 5；相七进五，后马进 3；相五进七，炮 6 平 5，也是黑占优势。

16. ……　马 5 进 6　　17. 帅五进一　马 6 退 4

18. 帅五退一　炮 6 平 5　　19. 车八退六　马 4 进 6

20. 帅五进一　车 9 平 6　　21. 车二进五……

红如改走车二进七捉马,黑则车6进4;车二平三,马6退5;相七进五,将5平6;炮三平四(如帅五平六,则马5进3,黑方速胜),车6退1;帅五平六,炮5平4,红方亦难抗衡。

21.………… 车6进5 　22.车二平六　车6平5

23.相七进五　车5平4 　24.车六平五　车4平7

25.帅五平六　车7平4 　26.帅六平五　车4退1

27.车五进一　…………

红方弃车砍炮,是无奈之着。如改走车五退二,则卒3平4;帅五平四,马6退5;车五平四,车4平7,黑方亦呈胜势。

27.………… 车4平7 　28.帅五平六　马7进5

黑方大占优势。

**第二种走法:兵五进一**

12.兵五进一　炮6进5 　13.炮七进二　炮2进1

14.相三进五　炮6进1

黑方进肋炮,准备右移助攻,着法有力。

15.车二进一　车9平6

黑方平车保炮,是正确的选择。如改走炮6平2,则车八平九;马3进1,马三进五,红优。

16.炮五平七　…………

红平炮打马嫌软,应以改走仕四进五或马三进二为宜。

16.………… 马3进4 　17.后炮退三　车6进7

黑方进车双捉马相,是迅速反夺主动权的有力之着。

18.仕四进五　车6平5 　19.车二平四　车5平7

20.车四进三　车2进6

黑方大占优势。

### 第42局　黑右炮封车对红挺边兵(五)

1.炮二平五　马2进3 　2.马二进三　炮8平6

3.车一平二　马8进7 　4.兵三进一　卒3进1

5.马八进九　象7进5 　6.炮八平七　车1平2

7.车九平八　炮2进4 　8.兵九进一　士6进5

9.兵五进一　马3进4 　10.仕四进五(图42)　…………

红方补仕,巩固阵势。

如图42形势下,黑方有两种走法:车9平8和炮6进4。现分述如下。

**第一种走法:车9平8**

10. …………　车9平8

黑方兑车,是稳健的走法。

11. 车二进九　马7退8

12. 炮五进四　马4退6

13. 兵五进一　马6进7

14. 马三进四　…………

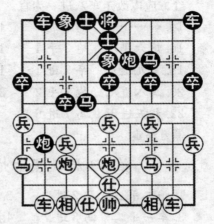

图42

红可改走兵五平四,黑如马7进5,红则马三进五;炮2平5,相三进五;车2进9,马九退八;炮6平9,兵七进一;马8进6,炮五退一;象3进1,兵七进一;象1进3,炮七平九,红方残局占优。

14. …………　炮6退2

黑如改走马7进8,红则车八进二;马8退6,炮七退一;卒7进1,车八平三;车2进3,兵七进一;炮2退2,兵七进一;炮2平5,车三平五;马6进4,炮七平六;马4退3,兵七平六;卒7进1,兵六平五,红优。

15. 马四进三　…………

红应改走相三进五,黑如马8进6,红则相五进三;炮6进5,车八进二,红方主动。

15. …………　马8进7　　16. 车八进二　…………

红如改走炮七平五,黑则车2进3,红方无便宜可占。

16. …………　前马退5　　17. 马三退五　马7进5

18. 炮七退一　马5退3　　19. 兵一进一　车2进3

20. 相三进五　炮6进1　　21. 炮七平八　车2平5

双方大体均势。

**第二种走法:炮6进4**

10. …………　炮6进4

黑方伸炮兵线加强封锁,是此布局的精华所在。

11. 炮五平四　车9平8　　12. 车二进九　马7退8

13. 相三进五　炮6平7　　14. 炮七平六　…………

红方应以改走车八进一为宜。

14. ………… 马8进7　15.炮六进二　车2进3

16.炮六平八　炮2平1　17.炮八平六　车2进6

18.马九退八　卒7进1　19.兵三进一　象5进7

20.马八进七　炮1平2　21.兵七进一　卒3进1

22.相五进七　马7进6

黑方易走。

## 第43局　黑右炮封车对红挺中兵（一）

1.炮二平五　马2进3　2.马二进三　炮8平6

3.车一平二　马8进7　4.兵三进一　卒3进1

5.马八进九　象7进5　6.炮八平七　车1平2

7.车九平八　炮2进4　8.兵五进一　…………

红方挺中兵,避开黑方过河炮的牵制,另辟蹊径。

8. ………… 士6进5　9.兵七进一　…………

红方弃七兵,下伏升车捉炮,是力争主动的走法。如改走车二进六,则车9平7;兵九进一,马3进4;兵七进一,卒3进1;炮五进四,马4进3;车二平三,炮6进4;炮五退一,炮6平7;车三平七,马3退5;仕四进五,车2进4,车七退二,车2平5;炮七平五,马5退3;车八进三,炮7进3;车八平二,车7平8;车二进六,马7退8;马九退七,马8进7;马七进六,车5进1;车七平五,马3进5,黑方易走。

9. ………… 卒3进1　10.车二进三　炮2退1

黑方退炮打兵,意在配合3卒封锁红方河口。

11.兵五进一　卒5进1　12.马三进五　卒3平4

黑方如改走卒3进1,红方则马九进七;车9平8,车二进六;马7退8,炮五进三,以下黑方有两种走法:

①马8进6,车八进一;车2进3,马五进七;车2进1,炮七平四;车2平3,车八进三;炮6进3,车八退一;车3进1,炮四进六;马3进4,马七退五;车3平5,炮四退三;马4退3,车八平四;车5退1,车四进一,红方多子占优。

②将5平6,炮七进五;炮6平3,马五进六;炮3进2,炮五退一;马8进6,相三进五;将6平5,车八进一;车2进3,车八平四;马6进8,炮五退一;车2平5,车四进三;炮2平4,车四平五;车5进2,马七进五,红方形势稍好。

13. 炮五进三　　炮6进3

14. 马五进四　　马3进5（图43）

黑如改走马7进5,红则炮五退四;车2
进3,马四退六;炮6平5,马六退五,双方相
对较为平稳。

如图43形势下,红方有两种走法:炮
五退三和马九进七。现分述如下。

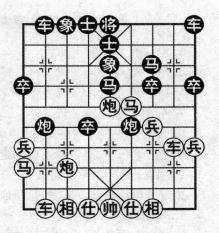

图43

**第一种走法:炮五退三**

15. 炮五退三　　炮6平5

16. 炮五进四　　马7进5

17. 马四进六　　车2进1

18. 马九进七　………

红如改走车二平七,黑则车9平6;兵
九进一,车6进5;车八进三,卒4进1;车七
平六,炮5退1;马九进八,车6平5;仕四进
五,车5平2;帅五平四,前车平6;炮七平四,车2平4,双方均势。

18. …………　　炮5退1　　　19. 车八进四　　卒4平5

20. 炮七平五　　车2进4　　　21. 炮五进三　　卒5平6

22. 炮五退四　　车2平4　　　23. 马七进八　　车4退1

24. 马六进七　　车4退3　　　25. 马七退六

双方各有顾忌。

**第二种走法:马九进七**

15. 马九进七　　车9平6　　　16. 炮七平四　　车6平8

17. 马四进二　　车8进1　　　18. 马七进六　　炮6平5

19. 车八进三　　车8平6　　　20. 车二平四　　车6平8

21. 车四平二　　车8平6　　　22. 车二平四　　车6平8

23. 车四平二　　马7退6

黑方属于长捉,必须变着。

24. 炮四进四　………

红方进炮,着法有力。

24. …………　　马5进3　　　25. 炮五平七　　象5进3

26. 炮四平五　　象3进5　　　27. 马六进四　　车8平6

28.车二平四　炮5退1　　29.帅五进一

红方优势。

## 第44局　　黑右炮封车对红挺中兵(二)

1.炮二平五　马2进3　　2.马二进三　炮8平6

3.车一平二　马8进7　　4.兵三进一　卒3进1

5.马八进九　象7进5　　6.炮八平七　车1平2

7.车九平八　炮2进4　　8.兵五进一　士6进5

9.兵七进一　卒3进1　　10.车二进三　炮2进2

黑方伸炮压车,是争取主动的走法。

11.兵五进一　卒5进1　　12.马三进五　车2进6

黑方进车拴链红方车马,是争取对攻的走法。

13.炮五进三(图44)・・・・・・・・・・・

红方炮击中卒,是谋取实利的走法。

如图44形势下,黑方有两种走法:象3
进1和炮2退1。现分述如下。

**第一种走法:象3进1**

13.・・・・・・・・・　象3进1

黑方飞边象,准备马3进4争先。

14.炮七平五・・・・・・・・・・

红方平中炮,针锋相对,是取势的紧要
之着。

14.・・・・・・・・・　象1进3

黑方飞高象,是逼走之着。否则红方
有马五进六弃车的手段,黑方难应。

15.马九退七・・・・・・・・・・

红方退马是巧手,构思十分精妙,实战中弈来煞是精彩好看!

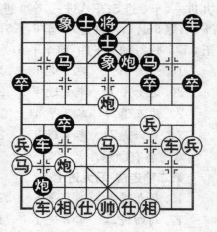

图44

15.・・・・・・・・・　车2退6　　16.马五进七　炮6进1

17.后马进八　车2进5　　18.马八退六　炮6平2

19.前炮退一　车2平3　　20.车八进一　车3平4

21.车八进五　车4进2　　22.车八平六

红方胜势。

**第二种走法：炮2退1**

13.　·········　炮2退1

黑方退炮别马，是可走之着。

14.车八进一　马3进5　　15.车八平二　卒3平4

16.马五进六　车2平8　　17.车二进二　车9平8

18.车二平五　车8进4　　19.马六进五　·········

红方舍马搏像，着法凶悍。

19.　·········　士5进4

黑方扬士蹩马，化解红方的攻击，是细腻有力之着。

20.炮七进三　车8进4　　21.车五平四　车8平3

22.车四进四　车3退4　　23.炮五退四　士4进5

24.车四退五　炮2退6

双方对攻，各有顾忌。

## 第45局　黑右炮封车对红挺中兵（三）

1.炮二平五　马2进3　　2.马二进三　炮8平6

3.车一平二　马8进7　　4.兵三进一　卒3进1

5.马八进九　象7进5　　6.炮八平七　车1平2

7.车九平八　炮2进4　　8.兵五进一　士6进5

9.兵七进一　卒3进1

10.车二进三(图45)　·········

如图45形势下，黑方有两种走法：炮2
退2和卒3平2。现分述如下。

**第一种走法：炮2退2**

10.　·········　炮2退2

11.兵五进一　·········

红方冲中兵，直攻中路，是这一局势下
的常用手段。

11.　·········　卒5进1

12.炮七进五　·········

红方先用炮拴马，着法机警。如改走
马三进五，则卒3平4；炮五进三，卒4进1

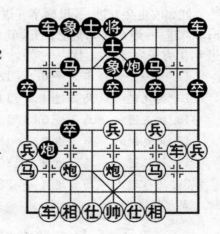

图45

(如车9平8,则车二进六;马7退8,马九进七;炮2进2,马七进六;马3进4,马五进六,红优);马五退四,炮6进1;车二平六,炮6平5;炮七平五,车9平6,黑方满意。

12.‥‥‥‥‥‥‥‥　炮6平3　　13.马三进五　炮3进2

黑如改走卒3平4,红则炮五进三;卒4进1,马五进六;炮2平5,车八进九;炮3进3,帅五进一;卒4进1,车八退六,对攻中红方多子易走。

14.马五进七　卒5进1

黑如改走车9平6,红则车二平五;车2进3,仕六进五;车6进3,兵九进一;马7进5,马七进五;马5退3,马五退六;炮3平8,车五进二;炮8进2,马六退四;炮8退4,马九进七,红方子力灵活占优。

15.马七退六　卒5平4　　16.马九进七　炮2退1
17.仕六进五　车9平8　　18.车二平五　车8进4
19.车八进四　车8平6　　20.车八平六　炮2进6
21.仕五退六　炮2退2　　22.车六进二　炮2平5
23.相三进五　卒7进1　　24.车六平三　马7退6
25.兵三进一　车6平7　　26.车三平九
红方子力灵活占优。

**第二种走法:卒3平2**

10.‥‥‥‥‥‥‥‥　卒3平2　　11.车八进一　‥‥‥‥‥‥‥‥

红如改走兵五进一,黑则卒5进1;车二平五,马3进2;炮五进三,车9平8;车八进一,炮6进1;炮七平五,车8进4;马三进四,车8平6;马四进六,马2进4,黑方子力灵活,占优。

11.‥‥‥‥‥‥‥‥　车9平6　　12.车二平四　车2进4
13.兵九进一　马3进4　　14.炮五进四　炮6进1
15.兵五进一　马7进5　　16.兵五平六　车2平4
17.马九进八　车4进3　　18.车四平八　车4平3
19.相三进五　马5进3　　20.前车平五　车3平4
21.马八进九　马3退4　　22.马九进八
双方和势。

# 第46局　黑右炮封车对红挺中兵(四)

1.炮二平五　马2进3　　2.马二进三　炮8平6

— 88 —

3.车一平二　马8进7　　4.兵三进一　卒3进1

5.马八进九　象7进5　　6.炮八平七　车1平2

7.车九平八　炮2进4　　8.兵五进一　士6进5

9.车八进一　…………

红方高左车,力争主动。

9.…………　　车9平7

黑方平象位车,预作防范。

10.车二进六　…………

红方如改走兵九进一,黑方则马3进4;车八平四,炮2进1;车四进二,卒7进1;兵三进一,象5进7;车二进六,炮6平3;兵五进一,卒5进1;车四平六,炮2平5;相三进五,车2进7;炮七进三,象7退5;炮七平五,马4退2;马三进五,车7平8;车二进三,马7退8;车六进一,车2退3;马五进三,红方易走。

10.…………　　卒1进1

黑方如改走炮6进4,红方则车八平四;车2进5,仕四进五;炮6平4,车四进三;炮4退3,车二进一;炮4退1,兵五进一;车2平6,马三进四;车7平6,马四进六;马3进4,兵五平六;车6平8,车二进二;马7退8,兵六进一;炮4平1,兵六平五,红方主动。

11.车八平六(图46)　…………

如图46形势下,黑方有两种走法:炮2进1和炮2退3。现分述如下。

**第一种走法:炮2进1**

11.…………　　炮2进1

黑方兑炮,简化局势。

12.车六进三　炮2平5

13.相三进五　车2进7

14.炮七退一　马3进2

15.车六退一　车2进1

16.马三进四　马7退6

17.车二平三　…………

红方吃卒兑车,是谋取实利的走法。

17.…………　　车7平8

18.仕六进五　马2退3

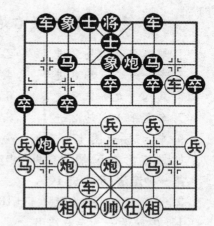

图46

19.马四进五　车8进4

20.兵三进一　车8进1

21.兵五进一

红方多兵占优。

**第二种走法：炮2退3**

11.…………　炮2退3

黑方退炮卒林，加强防守，是灵活之着。

12.车二退三　…………

红方退车兵线，势在必行。如误走车六进五，则炮6进1打双车，红方局势崩溃。

12.…………　炮2进4　　13.车六进五　车7平8

14.车二进六　马7退8　　15.马三进五　炮2平5

16.相三进五　车2进5

黑马骑河捉兵，是抢先之着。

17.兵七进一　车2进1　　18.马五退三　卒3进1

19.车六平七　车2平7　　20.车七退二　马3进4

21.车七进一　马4退6　　22.车七退一　炮6平8

黑方满意。

## 第47局　黑右炮封车对红挺中兵（五）

1.炮二平五　马2进3　　2.马二进三　炮8平6

3.车一平二　马8进7　　4.兵三进一　卒3进1

5.马八进九　象7进5　　6.炮八平七　车1平2

7.车九平八　炮2进4　　8.兵五进一　士6进5

9.车八进一（图47）　…………

如图47形势下，黑方有两种走法：卒1进1和卒9进1。现分述如下。

**第一种走法：卒1进1**

9.…………　卒1进1　　10.车八平六　车2进5

11.炮五退一　车9平8

黑方平车邀兑，是稳健的走法。

12.车二进九　马7退8　　13.车六进七　马8进7

14.炮七平八　炮2平9　　15.马三进一　车2进2

16.马一进二　车2平8

黑方平车捉马,是先弃后取之着。

17.马二进三　车8退5

18.兵五进一　车8平7

19.马九退七　炮6退1

20.车六退二　炮6进2

21.车六退二　卒5进1

22.马七进六　炮6进3

23.相七进五　车7平6

黑方稍优。

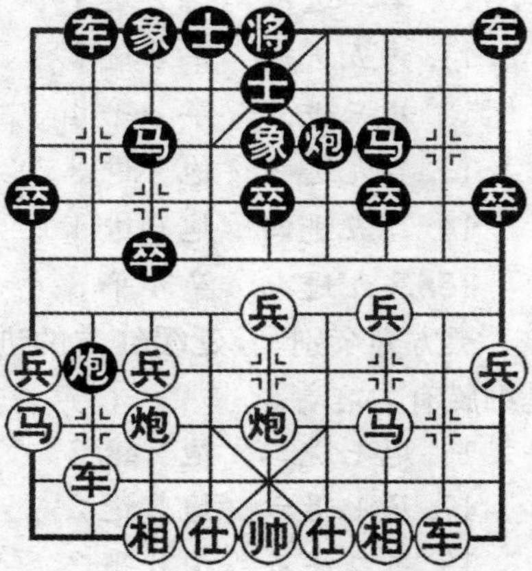

**第二种走法:卒9进1**

9.…………　卒9进1

10.车二进六　炮2退3

黑方退炮扼守兵线,是含蓄有力之着。

图47

| | |
|---|---|
| 11.车八进三　卒7进1 | 12.车二退二　卒7进1 |
| 13.车二平三　马7进6 | 14.炮七退一　车9进3 |
| 15.兵七进一　卒3进1 | 16.车八平七　马3进4 |

黑方进马,是力争主动的走法。

| | |
|---|---|
| 17.车七进二　马4进2 | 18.车七退三　马6进4 |
| 19.炮五平六　马2进1 | 20.相七进九　炮2进6 |
| 21.相九退七　车2进7 | |

黑方先手。

## 第48局　黑右炮封车对红挺中兵(六)

| | |
|---|---|
| 1.炮二平五　马2进3 | 2.马二进三　炮8平6 |
| 3.车一平二　马8进7 | 4.兵三进一　卒3进1 |
| 5.马八进九　象7进5 | 6.炮八平七　车1平2 |
| 7.车九平八　炮2进4 | 8.兵五进一　士4进5(图48) |

黑方补右士,是少见的走法。

如图48形势下,红方有两种走法:兵七进一和车八进一。现分述如下。

**第一种走法:兵七进一**

9.兵七进一　卒3进1

10. 车二进三　炮2退1

11. 兵五进一　卒5进1

12. 马三进五　卒3平4

13. 兵九进一　炮2进3

14. 马五进四　炮6进1

15. 马九进七　卒4平3

黑方弃卒别马,延缓红方的进攻速度,是细腻有力之着。

16. 炮七进二　炮2退2

17. 马七退六　炮2退2

18. 车二平五　炮6平2

19. 车五进二　…………

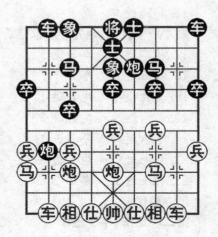

图 48

红应改走车八进五,黑如马3进2,红则车五进二。

19. …………　后炮进6　　20. 炮五进五　…………

红方炮轰中象,是力求一搏的走法。

20. …………　象3进5　　21. 马四进五　车2进1

22. 马六退八　…………

红如改走马五进三,黑则将5平4;马三进一,车2平4;马六退八,车4进8;帅五进一,马3进4,黑方大占优势。

22. …………　车9平7　　23. 马五进七　将5平4

24. 炮七进二　马7进5

黑方胜势。

**第二种走法:车八进一**

9. 车八进一　…………

红方进车,是紧凑有力之着。

9. …………　车9平8　　10. 车二进九　马7退8

11. 车八平二　马8进7　　12. 炮七平八　…………

红方平炮打车,是取势要着。

12. …………　炮2平9　　13. 马三进一　车2进7

14. 车二进七　马3进4

黑方进马,准备弃子抢先。如改走卒7进1,则兵三进一;象5进7,车二平三;马7进6,车三退三,红方得象占优。

15. 马一进二 马4进3　　16. 马二进三 马3退5

17. 仕四进五 卒7进1　　18. 炮五进四 ···········

红方炮击中卒，谋取实利。

18. ··········· 车2退4　　19. 车二退二 卒7进1

20. 相三进五 卒1进1　　21. 马三退四 炮6进1

22. 炮五退一 卒3进1　　23. 马四退五

红方多子占优。

## 第49局　红挺边兵对黑补左士（一）

1. 炮二平五 马2进3　　2. 马二进三 炮8平6

3. 车一平二 马8进7　　4. 兵三进一 卒3进1

5. 马八进九 象7进5　　6. 炮八平七 车1平2

7. 兵九进一 ···········

红方挺边兵，缓步进取。

7. ··········· 士6进5

黑亦可改走车9平8，红如车二进九，黑则马7退8；车九进一，炮2进6；马三进四，士6进5；炮五平一，马8进6；相三进五，炮6平8；炮一平四，炮8进6；仕四进五，炮8平6；炮四进六，炮6退7；兵七进一，车2进7；兵七进一，车2平3，黑可抗衡。

8. 车九进一 车9平6

9. 车九平四 马3进4（图49）

黑方跃马河口，是黑方平肋车的后续手段。如改走炮2进5，则车四进三；炮2平5（如车2进6，则车二进一；车2平3，车二平七；马3进4，车四平六；马4退3，炮五平八；卒3进1，车六退二；马3进2，炮八退二；车3平1，车七平八；马2进3，车八进七，红方多子占优），相三进五；车2进7，炮七退一；马3进2，马九进八；车2进1，炮七进一；车6平8，车二进九；马7退8，炮七平九；马2退3，马八进九；车2退5，马九退八，红方易走。

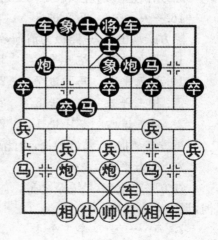

图49

如图 49 形势下,红方有三种走法:车四进四、车四平六和车二进五。现分述如下。

**第一种走法:车四进四**

10.车四进四　……………

红方进车捉马,是力争主动的走法。

10.…………　炮 2 进 2

11.车四退二　炮 2 退 1

黑方退炮,正着。如改走炮 2 进 3,则兵五进一;炮 2 退 1,车四进二;马 4 退 3,车四进一;炮 2 退 3,车四退三;马 3 进 4,仕四进五;马 4 退 6,车四平六;车 2 进 2,兵五进一;卒 5 进 1,车六进三;马 6 进 5,车六平三;马 7 退 9,车三平五;马 9 退 7,炮五进三;炮 6 进 4,炮五平二,红优。

12.车四进二　……………

红方再度进车捉马是失察之着,应以改走车二进四为宜。

12.…………　马 4 退 6

13.车四平六　卒 7 进 1

黑方弃 7 卒,是取势要着。

14.兵三进一　炮 2 进 1　　15.车六退一　炮 2 平 7

16.仕四进五　……………

红方补仕嫌缓,应以改走马三进四为宜。

16.…………　马 7 进 8

黑方跃马出击,思路极为清晰,走得紧凑、有力。

17.马九进八　炮 6 平 8　　18.车二平一　车 2 进 2

19.炮五平六　马 8 进 7　　20.炮七平八　车 2 平 1

21.相三进五　马 6 进 8　　22.车一平四　车 6 进 9

23.仕五退四　卒 1 进 1　　24.炮八平九　卒 3 进 1

黑方弃卒捉双,精妙绝伦,由此渐入佳境。

25.车六平七　……………

红方平车吃卒,是无奈之举。如改走兵七进一,黑则车 1 平 2,再进边卒渡河,黑方大占优势。

25.…………　车 1 平 4　　26.仕四进五　卒 1 进 1

27.马八进七　卒 1 进 1　　28.炮九退一　炮 7 平 3

黑方优势。

**第二种走法:车四平六**

10.车四平六　炮6进5

黑方伸炮逼兑,着法积极。如改走马4退3,则车六进三;炮6进5,炮七平四;车6进7,马三进四;炮2平1,马四进三;车2进8,仕四进五;车6退1,马三进一;车6退5,炮五平三;马7进6,车六进四,红方攻势强大。

11.车六进四　…………

红如改走炮七平四,黑则车6进4,黑方满意。

11.…………　炮6平3　　12.车六退三　炮3平5

13.相三进五　炮2平1

黑方平边炮,是改进后的走法。以往多走炮2平4,红则仕六进五;车6进4,双方均势。

14.车二进六　车6进6　　15.车二平三　车6平7

16.马三退二　车2进8　　17.仕六进五　车7平5

18.兵三进一　车5退2

黑方退车捉兵欠细腻。如改走车5平7控制红马,则更好。

19.马二进三　车5平7　　20.车三退一　象5进7

黑方优势。

**第三种走法:车二进五**

10.车二进五　…………

红方右车骑河捉马,是改进后的走法。

| | | | |
|---|---|---|---|
| 10.………… | 炮2进2 | 11.车二进三 | 炮2退3 |
| 12.车二退三 | 炮2进3 | 13.车二进三 | 炮2退3 |
| 14.车二退二 | 炮2进2 | 15.车四平六 | 马4退3 |
| 16.车二进二 | 车2退2 | 17.车二退五 | 炮2进6 |
| 18.车六进三 | 车2进6 | 19.炮五平八 | 车2进1 |
| 20.炮七平五 | 卒7进1 | 21.兵三进一 | 象5进7 |
| 22.车二平四 | 象7退5 | 23.马三进二 | 车6平8 |
| 24.车四平三 | 马7进8 | 25.车三进三 | |

红方易走。

# 第50局　红挺边兵对黑补左士(二)

1.炮二平五　马2进3　　2.马二进三　炮8平6

3. 车一平二　马8进7　　4. 兵三进一　卒3进1

5. 马八进九　象7进5　　6. 炮八平七　车1平2

7. 兵九进一　士6进5　　8. 车九进一　车9平7

黑方马后藏车，伏卒7进1再马7退6亮车的手段，是近年流行的走法。

9. 车九平六（图50）••••••••••

如图50形势下，黑方有两种走法：炮2进5和马7退6。现分述如下。

**第一种走法：炮2进5**

9. ••••••••••　　炮2进5

黑方进炮逼兑，削弱红方的攻击力量，是一种简明的走法。

10. 车六进三　卒7进1

黑如改走车2进6，红则炮七平六；炮2平5，相七进五；卒7进1，兵三进一；象5进7，马三进二，红方易走。

11. 兵三进一　象5进7

12. 马三进二　象7退5

13. 车六平三　马3进4

14. 车三平六　马4退3

15. 车六平三　马3进4

16. 车三平六　马4退3

17. 炮五退一　••••••••••

红方退中炮，是保持变化的走法。如继续走车六平三，则马3进4，双方不变作和。

17. ••••••••••　　炮2进1　　18. 炮七平二　••••••••••

红方左炮右移，是紧凑的走法。

18. ••••••••••　　车2进7　　19. 相三进五　炮6进5

黑方进炮失算，应以改走车2退4为宜。

20. 炮五平三　马7退6

黑如改走马7进6，红则马二进四；车7进8，炮二进七，黑方难应。

21. 相五进三　••••••••••

红方扬相打双车，一击中的！这是迅速取得胜利的精彩之着。

21. ·········　炮6平1　　22. 炮三进八　象5退7

23. 相三退五

红方胜势。

**第二种走法：马7退6**

9. ·········　马7退6

黑方退马准备兑7卒，是黑方马后藏车的后续手段。

10. 车六进三　卒7进1　　11. 车二进四　炮2进5

12. 兵三进一　车7进4　　13. 车二平三　车7进1

14. 车六平三　车2进6　　15. 炮七平六　马3进4

16. 车三平六　马4退6　　17. 马三进二　后马进7

18. 马二进三　炮2平5　　19. 相三进五　车2退3

20. 炮六退一　卒5进1　　21. 炮六平三　卒5进1

22. 兵五进一　马6进5

双方和势。

## 第51局　红挺边兵对黑补左士（三）

1. 炮二平五　马2进3　　2. 马二进三　炮8平6

3. 车一平二　马8进7　　4. 兵三进一　卒3进1

5. 马八进九　象7进5　　6. 炮八平七　车1平2

7. 兵九进一　士6进5

8. 车九进一　车9平7

9. 车九平四（图51）·········

如图51形势下，黑方有三种走法：马7
退6、卒7进1和炮2进5。现分述如下。

**第一种走法：马7退6**

9. ·········　马7退6

10. 车四进三　卒7进1

11. 车二进四·········

红方右车巡河，是稳健的走法。

11. ·········　炮2进5

12. 马九进八　炮2平5

13. 相三进五　车2进3

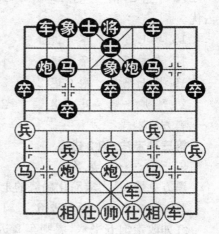

图51

14. 兵一进一　车7进3　　15. 炮七退一　马6进7

16. 炮七平一　卒5进1　　17. 马八退六　卒7进1

18. 车二平三　车7进2　　19. 车四平三　马7进6

20. 兵七进一　马6退8　　21. 车三平四　卒3进1

22. 马六进五　马3进4　　23. 炮一进五　马8退7

24. 兵一进一　车2平5　　25. 车四进一　车5平7

26. 马三进一

红方优势。

**第二种走法:卒7进1**

9. ⋯⋯⋯⋯⋯　卒7进1

黑方兑7卒,是改进后的走法。

10. 兵三进一　马7退6　　11. 马三进二　车7进4

12. 马二进一　车7进2　　13. 车四进三　炮2进1

黑方进炮打马,正着。如改走车7平5,则车二进九,黑方难应。

14. 马一退二　炮2进3

黑方进炮兵线,是改进后的走法。以往黑方曾走马6进7,红则炮七平八;车2平1,炮八进一;卒1进1,炮八平九;车1平2,兵五进一;车7进2,炮九进二;卒3进1,炮九平一;车7退4,兵一进一;炮2平3,炮一进四;车2进4,炮五平二;车7进2,相三进五;卒3平4,马二进四;车7平8,马四进三,红方多子占优。

15. 兵七进一　车2进4　　16. 炮七退一　马3进4

17. 车四平六　卒3进1　　18. 车六平七　马6进7

19. 炮七平五　炮6退2　　20. 车七平六　车2平3

21. 前炮平六　马4退6　　22. 相三进五　马7进8

黑方易走。

**第三种走法:炮2进5**

9. ⋯⋯⋯⋯⋯　炮2进5

黑方兑炮,是力求简化局势的走法。

10. 车四进三　车2进6　　11. 炮七平六　⋯⋯⋯⋯⋯

红如改走炮五平八,黑则车2进1;炮七平五,卒7进1;车二进四,马7退6;仕四进五,车2平3;兵三进一,车3进2,黑方满意。

11. ⋯⋯⋯⋯⋯　马7退6　　12. 车二进五　卒7进1

13. 兵三进一　象 5 进 7　　14. 车四进二　炮 2 平 5

15. 相三进五　车 2 进 1　　16. 炮六进二　象 3 进 5

17. 仕四进五　象 7 退 9　　18. 马三进四　炮 6 进 3

19. 车四退二

红方优势。

## 第二节　黑飞右象变例

## 第 52 局　黑左横车对红左车巡河(一)

1. 炮二平五　马 2 进 3　　2. 马二进三　炮 8 平 6

3. 车一平二　马 8 进 7　　4. 兵三进一　卒 3 进 1

5. 马八进九　象 3 进 5

至此,形成中炮进三兵对反宫马飞右象的阵势。黑方飞 3 路象系旧式应法,其布局意图是以后走车 9 进 1,再平车 4 路来封锁红方左翼子力。

6. 炮八平七　车 1 平 2　　7. 车九平八　车 9 进 1

黑方高横车,准备过宫集中子力于右翼。如改走炮 2 进 4,则兵七进一;卒 3 进 1,兵三进一;卒 7 进 1,车二进四,黑方右翼空虚,红方先手。

8. 车八进四　车 9 平 4　　9. 仕四进五　⋯⋯⋯⋯⋯

红方补仕,防止黑方通过车 4 进 6、仕角捉炮来扰乱阵势,正着。

9. ⋯⋯⋯⋯⋯　士 4 进 5

黑方士 4 进 5,巩固中路防守,为以后平炮兑车做准备。

10. 兵九进一　⋯⋯⋯⋯⋯

红方挺边兵活通边马,再待机出击,正着。如改走车二进八,则炮 2 退 1(如炮 6 进 2,则车八平四,红优);车二平三,车 4 进 8;仕五退六,炮 2 平 7,黑方白吃一仕,局势可以满意。

10. ⋯⋯⋯⋯⋯　炮 2 平 1

这里,黑方还有另外两种走法:

①车 4 进 5,车二进八;炮 2 退 1,车二退五,卒 3 进 1,兵七进一;车 4 退 2,车八进二;车 4 进 1,炮五平四,车 4 平 3,相三进五;车 3 平 4,马九进七;炮 2 平 1,车八进三,马 3 退 2,兵五进一,马 2 进 4,马三进二;车 4 平 2,马二进三;车 2 进 1,车二平五;炮 1 进 4,马七进六;车 2 平 5,马六退五;马 4 进 2,兵五进一;卒

5进1,马三退五;炮1平5,马五进七;马7进8,炮四平一;马8进9,炮一进四;炮6进2,双方均势。

②卒3进1,车八平七;马3进2,炮七退一;车4进4,炮五平四;车4平3,兵七进一;马2进4,相三进五,红优。

11. 车八平五 ·········

红方平车避兑,是保持变化的走法。

11. ········· 马3进2

黑如改走卒7进1,红则兵三进一;象5进7,车五平三;象7进5,车二进六;马7进6,车二平四;车4进4,兵五进一;炮1进3,车四退一,卒1进1,车三退一,红方多子占优。

12. 炮五平四(图52) ·········

红方卸炮,调整阵势,正着。如误走车五进二,则炮6进7,红方丢车。

如图52形势下,黑方有两种走法:马2进1和炮6进4。现分述如下。

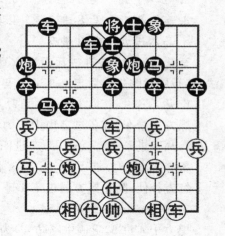

图52

**第一种走法:马2进1**

12. ········· 马2进1

黑方进马,试探红方应手。

13. 炮七平六 卒3进1

黑方弃卒,诱红方兵七进一;炮1平3,相三进五;车2进8,黑方展开攻击。

14. 车五进二 卒3平2

15. 车二进六 卒2进1

16. 车二平三 马7退8

17. 车五平八 车4平2

18. 车八进二 车2进1

19. 炮六进一 卒1进1

20. 车三平九

红方多兵占优。

**第二种走法:炮6进4**

12. ········· 炮6进4

黑方伸炮兵线准备打兵,是灵活的走法。

13. 相三进五　炮 6 平 3　　14. 车五平八　炮 3 平 4

15. 马三进四　炮 4 进 2　　16. 车二进三　…………

红方升车兵线,是细腻有力之着。

16. …………　卒 3 进 1　　17. 车八平七　车 4 进 4

18. 车七平六　马 2 进 4　　19. 兵五进一　马 4 进 3

20. 炮四平七　车 2 进 7　　21. 炮七退一　炮 1 进 3

22. 马四进三　炮 1 退 1　　23. 炮七进六　炮 4 退 6

24. 车二平七　车 2 退 4　　25. 兵一进一

红方易走。

## 第 53 局　黑左横车对红左车巡河(二)

1. 炮二平五　马 2 进 3　　2. 马二进三　炮 8 平 6

3. 车一平二　马 8 进 7　　4. 兵三进一　卒 3 进 1

5. 马八进九　象 3 进 5　　6. 炮八平七　车 1 平 2

7. 车九平八　车 9 进 1　　8. 车八进四　车 9 平 4

9. 仕四进五　士 4 进 5　　10. 兵九进一　炮 2 平 1

11. 车八进五　…………

红方兑车,是稳健的走法。

11. …………　马 3 退 2(图 53)

如图 53 形势下,红方有两种走法:炮
五进四和车二进六。现分述如下。

**第一种走法:炮五进四**

12. 炮五进四　炮 6 进 7

黑方炮 6 进 7 帅口献炮,乘机用马踩
炮,以此来简化局势。

13. 帅五平四　马 7 进 5

14. 兵五进一　…………

红方冲中兵,是灵活之着。除此之外,
还有两种走法:

①车二进六,车 4 进 4;车二平三,马 2
进 3;炮七平五,马 5 进 6;马三进四,车 4 平
6;帅四平五,马 3 进 4;车三平九,炮 1 平 3;

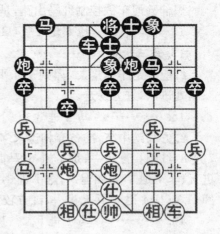

图 53

炮五平一,车 6 平 7;相三进五,车 7 进 1;车九平一,车 7 平 5,双方均势。

②相三进五,车 4 进 4;车二进六,马 2 进 3;车二平三,炮 1 进 3,黑方子力位置较佳,形势乐观。

14.⋯⋯⋯⋯⋯ 车 4 进 4

黑方进骑河车捉中兵,是必走之着。如改走车 4 进 3,则车二进三;卒 7 进 1,车二平五,红方大优。

15.兵五进一 马 5 退 3 16.车二进三 车 4 平 7

黑如改走炮 1 进 3,红则相三进五;车 4 平 5,兵五平四;马 3 进 4,帅四平五;马 2 进 3,车二平六;炮 1 退 1,炮七平六;炮 1 平 2,兵七进一;卒 1 进 1,兵七进一;象 5 进 3,炮六进三;马 3 进 4,车六平八;马 4 退 3,马九进七;车 5 退 2,马七进八,红方易走。

17.相三进五 车 7 平 5

黑方平中车嫌软,应以改走车 7 平 1 谋取实利为宜。

18.车二平五 车 5 进 1 19.马三进五

红方略优。

**第二种走法:车二进六**

12.车二进六 ⋯⋯⋯⋯⋯

红方挥车过河,是保持变化的走法。

12.⋯⋯⋯⋯⋯ 车 4 进 4

黑伸骑河车欲控制红马出路,是常用的手段。

13.车二平三 炮 6 退 1 14.车三平四 炮 6 平 7

15.马三进四 ⋯⋯⋯⋯⋯

红应改走车四退二,黑则车 4 平 6;马三进四,炮 7 进 4;马四进六,炮 1 进 3;马九进八,红方易走。

15.⋯⋯⋯⋯⋯ 马 2 进 3 16.马四进五 ⋯⋯⋯⋯⋯

红方马踏中卒,准备弃相谋求多兵之势,失算。不如改走炮五平三,黑如马 7 进 8,红则兵三进一;炮 7 进 6,马四退三;车 4 平 7,兵三平二;车 7 进 2,相三进五;车 7 退 1,车四退一;炮 1 进 3,兵七进一;炮 1 退 1,车四退一;马 3 进 4,车四平六;马 4 退 6,兵七进一,红方较为易走。

16.⋯⋯⋯⋯⋯ 马 7 进 5 17.炮五进四 马 3 进 5

18.车四平五 炮 7 平 8 19.车五平九 炮 1 平 4

20.炮七平八 ⋯⋯⋯⋯⋯

红如改走炮七平四,黑则炮7平9;相七进五,车4平6,也是黑方易走。

20. ………… 炮7平9　　21. 相七进五　炮4进2

22. 兵三进一　…………

红方弃兵拦炮,是无奈之着。如改走车九平二,则车4平1,黑方亦大占优势。

22. ………… 车4平8　　23. 仕五进六　车8进4

24. 帅五进一　车8平4

黑方优势。

## 第54局　黑左横车对红左车巡河(三)

1. 炮二平五　马2进3　　2. 马二进三　炮8平6

3. 车一平二　马8进7　　4. 兵三进一　卒3进1

5. 马八进九　象3进5　　6. 炮八平七　车1平2

7. 车九平八　车9进1　　8. 车八进四　车9平4

9. 仕四进五　士4进5　　10. 兵九进一　炮2平1

11. 车八平四(图54)　…………

红方平车避兑,是保持变化的走法。

如图54形势下,黑方有两种走法:车4进5和车4进7。现分述如下。

**第一种走法:车4进5**

11. ………… 车4进5

12. 炮五平六　卒7进1

13. 兵三进一　象5进7

14. 车四平三　象7进5

15. 车二进六　炮6退1

黑方退炮,是无奈之着。如改走马7进6,则车二平四;马6进5,车四退三,红方易走。

16. 兵七进一　马3进2

17. 兵七进一　马2进1　　18. 炮七退一　车2进8

19. 炮六平四　炮6平7　　20. 相三进五

红方易走。

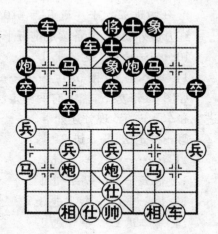

图54

**第二种走法:车4进7**

11.………… 车4进7 12.炮五平六 马3进2

黑如改走卒1进1,红则兵九进一;炮1进5,炮六平九;马3进4,车四退一;车2进5,黑不难走。

13.车四平八 炮6进2 14.兵五进一 炮1平2

15.车八平六 车4平2 16.车六进一 炮6退2

17.炮六平四 马2退3 18.车六退一 卒7进1

19.兵三进一 象5进7 20.马三进二 象7退5

21.炮四平三 车2退4

黑可抗衡。

## 第55局 黑左横车对红左车巡河(四)

1.炮二平五 马2进3 2.马二进三 炮8平6

3.车一平二 马8进7 4.兵三进一 卒3进1

5.马八进九 象3进5 6.炮八平七 车1平2

7.车九平八 车9进1 8.车八进四 车9平4

9.仕四进五 士4进5 10.马三进二 …………

红方进外肋马,准备续走炮五平三,对黑方左翼施加压力。

10.………… 炮2平1

11.车八平五(图55)…………

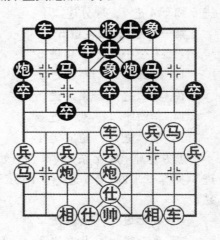

图55

如图55形势下,黑方有两种走法:马3进2和车4进5。现分述如下。

**第一种走法:马3进2**

11.………… 马3进2

12.炮五平三 马2进1

13.炮七平四 车2进3

14.马二进三 卒3进1

黑方弃3卒,是反夺主动权的巧妙之着。

15.兵七进一 车4进7

黑方进车塞相眼,是弃卒的后续手段。

16.炮四退一 炮1平3

17. 马九退七　车4退4

18. 马三进五　‥‥‥‥‥

红方马踏中象,力求一搏,是不甘苦守的走法。

| 18. ‥‥‥‥‥ | 象7进5 | 19. 炮三进五 | 卒5进1 |
| 20. 炮四平三 | 将5平4 | 21. 车二进五 | 车2进1 |
| 22. 车五平四 | 炮3进6 | 23. 后炮平七 | 车2进4 |
| 24. 车二进一 | 马1进3 | 25. 车二平九 | 马3进5 |

黑方不吃红炮,反而弃马踏仕,是抢先入局的巧妙之着。如改走车2平3,则车九进三;将4进1,炮三进一,红方抢攻在先。

| 26. 车九进三 | 将4进1 | 27. 炮三进一 | 炮6退1 |
| 28. 仕六进五 | 车2进1 |

黑胜。

**第二种走法:车4进5**

| 11. ‥‥‥‥‥ | 车4进5 | 12. 炮五平三 | 马3进4 |
| 13. 兵三进一 | 象5进7 | 14. 炮三进四 | 象7进9 |
| 15. 马二进四 | 炮6平5 | 16. 马四进五 | 象7退5 |
| 17. 车二进三 | 卒5进1 | 18. 车五进一 | 车2进3 |
| 19. 炮三退三 | 车4平5 |

黑方车吃中兵,是先弃后取之着。

| 20. 车五平六 | 炮1进4 | 21. 炮七平五 | 车2平7 |
| 22. 车六退一 | 车5平7 | 23. 车六平八 | 后车平5 |

双方大体均势。

# 第56局　黑左横车对红左车巡河(五)

| 1. 炮二平五 | 马2进3 | 2. 马二进三 | 炮8平6 |
| 3. 车一平二 | 马8进7 | 4. 兵三进一 | 卒3进1 |
| 5. 马八进九 | 象3进5 | 6. 炮八平七 | 车1平2 |
| 7. 车九平八 | 车9进1 | 8. 车八进四 | 车9平4 |
| 9. 仕四进五 | 士4进5 | 10. 车二进六 | ‥‥‥‥‥ |

红右车过河,是力争主动的走法。

| 10. ‥‥‥‥‥ | 炮2进1 |
| 11. 车二进二 | 炮2退2 |

**12. 车二退五（图 56）** ··············

红如改走车二退二，黑则炮 2 进 2；炮
五平四，卒 1 进 1；相三进五，炮 2 平 1；车八
平四，卒 5 进 1；车二进二，炮 6 进 5；炮七平
四，车 2 平 4；炮四退二，前车进 4；车二平
四，后车进 3；炮四平三，前车平 6；马三进
四，炮 1 退 2；车四退三，车 4 进 2，黑方
满意。

如图 56 形势下，黑方有两种走法：卒 3
进 1 和卒 7 进 1。现分述如下。

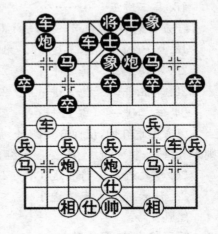

**图 56**

### 第一种走法：卒 3 进 1

**12. ············ 卒 3 进 1**

**13. 兵七进一** ··············

红如改走车八平七，黑则马 3 进 2；炮
七退一，车 4 进 7；马三进四，马 2 退 4；车七进二，炮 6 进 1；车七平八，卒 5 进 1；
车八退二，炮 6 进 1；炮五平三，马 4 进 2；车八平七，马 2 进 1；车七平八，马 1 退
2；车八平七，炮 2 平 1；炮三退一，车 4 退 5，双方陷入互缠局面。

| | | | |
|---|---|---|---|
| **13. ············** | 车 4 进 4 | **14. 炮五平四** | 马 3 进 4 |
| **15. 车八进一** | 炮 6 进 2 | **16. 车八进二** | 车 4 平 3 |
| **17. 相三进五** | 车 3 退 5 | **18. 兵五进一** | 炮 2 平 3 |
| **19. 车八进二** | 车 3 平 2 | **20. 车二平六** | 车 2 进 4 |
| **21. 马九进七** | 马 4 进 3 | **22. 炮七进六** | 马 3 退 4 |

**23. 马三进二**

红方易走。

### 第二种走法：卒 7 进 1

**12. ············ 卒 7 进 1**

黑方兑卒，活通左马。

| | | | |
|---|---|---|---|
| **13. 兵三进一** | 象 5 进 7 | **14. 炮五平四** | ·············· |

红如改走兵七进一，黑则卒 3 进 1；车八平七，马 3 进 2；兵五进一，炮 6 平
2；马三进四，车 4 进 4；车七平六，马 2 进 4；炮五平三，象 7 退 5；车二平六，马 4
退 2；炮三进四，车 2 平 4；炮七平三，象 7 进 9；车六平五，后炮平 3；相三进五，车
4 进 8，双方各有顾忌。

| 14. …………… | 炮2平1 | 15. 车八进五 | 马3退2 |
| 16. 车二进三 | 炮6平1 | 17. 炮四进六 | ………… |

红方进炮串打，是取势要着。

| 17. …………… | 士5退4 | 18. 车二平三 | 象7退5 |
| 19. 炮四平九 | 车4平1 | 20. 马三进四 | 马2进4 |
| 21. 炮七平三 | 马7退8 | 22. 车三进二 | 马8进9 |
| 23. 车三平四 | 炮1进4 | 24. 炮三平五 | 士4进5 |
| 25. 兵五进一 | 车1进1 | 26. 炮五平三 | 车1平4 |
| 27. 兵五进一 | 士5进6 | 28. 兵五进一 | 车4进3 |
| 29. 炮三平五 | 车4平6 | 30. 车四平六 | |

红方大占优势。

**小结：** 在反宫马对抗五七炮进三兵的布局中，黑方有飞右象和飞左象两种防御战术。黑方飞左象是具有灵活性的应法；而飞右象后，就不能形成右炮封车的阵势，而且反击手段较少，是一种防御的阵形。本章五七炮进三兵对反宫马左象布局中，以弃三兵和七兵的变例较为激烈，在布局阶段，就已形成攻击之势。红方为了展开攻势，不惜牺牲兵力，以争取进攻的速度；但进入中残局阶段，它少相缺兵的弱点将带来后患。此局例变化复杂，对攻激烈，双方优势一时难下定论，有待于实战中继续探索。而挺边兵和中兵的弈法，虽然阵形工整，但强子行棋速度较缓，黑方可以从容布阵，从而达到对抗之势。

# 第三章 五八炮进三兵对反宫马

五八炮进三兵对反宫马是比较少见的一种布局阵势，其意图是进卒林炮，目的是使红炮压马胁象，是一种稳健的走法。本章列举了2局典型局例，分别介绍这一布局中双方的攻防变化。

## 第57局 红左炮过河对黑兑7卒(一)

1.炮二平五　马2进3　　2.马二进三　炮8平6
3.车一平二　马8进7　　4.兵三进一　卒3进1
5.马八进九　象3进5　　6.炮八进四　…………

至此，形成五八炮进三兵对反宫马右象的阵势。红方左炮过河，准备打卒压马，是稳步进取的走法。

6.…………　卒7进1

黑方兑卒，正着。如改走士4进5，则炮八平三；车1平4，车九平八，以下黑方有两种走法：

①炮2进2，兵九进一；卒3进1(如车4进5，则车八进四，红方多兵占优)，兵七进一；车4进5，兵七进一；车4平7，马三进二；象5进3(如车9平8，则车八进四；车7平2，马九进八；象5进3，炮五平二；车8平9，炮二平三；马7退9，马二进一，红方大占优势)，马九进七；车7平3，马七进五，红优。

②炮2平1，兵九进一；炮1进3，车八进四；卒1进1，车二进五；车9平8，车二平四；象7进9，兵五进一，红方易走。

7.兵三进一　象5进7　　8.车二进六　…………

红方挥车过河，抑制黑方左马出击，着法有力。

8.…………　车9进2

黑如改走马7进6，红则炮五进四；马3进5，车二平五；象7退5，车五退一；马6退7，炮八平三；士4进5，车九平八，红方先手。

9.车九进一　…………

红方高横车，是改进后的走法。如改走车二平三，则炮2退1；车九进一，象7退5；车九平四，炮2平7；车四进六，炮7进2；炮八平三，士6进5；车四进一，车1平2(如卒1进1，则马三进四；车9退1，车四退二；车9平8，炮五平三；马7

退9,相三进五,红方易走);兵九进一,车2进8;兵五进一,马7退6,黑方足可一战。

9.　…………　象7退5

这里,黑方还有另外两种走法:

①士4进5,车九平六;象7退5,马三进二;车9平8,马二进四;车8进1,马四进二;车1平4,车六平四;车4进4,兵九进一;马3进2,仕六进五;车4退1,炮八平五;将5平4,车四进三,红方易走。

②马7进6,炮五进四;马3进5,车二平五;象7退5,车五平四;车9平7,马三进四;马6进8,车九平二;马8进6,马四进二;车7进6,车二进二;马6退7,车二平三;车7退2,马二退三;士4进5,马三进五;马7进8,马九退七;车1平4,马七进五;车4进4,仕四进五;卒1进1,双方大体均势。

10.马三进二(图57)　…………

如图57形势下,黑方有两种走法:车1进1和士4进5。现分述如下。

**第一种走法:车1进1**

10.　…………　车1进1

黑方高横车显得过于乐观,有落空之感。

11.车九平四　炮6退1

12.兵五进一　…………

红方冲中兵,佳着。

12.　…………　炮6平2

13.车二进二　…………

红方进车拴炮,似笨实佳。如改走炮八进二,则车1平2;车四平八,炮2进1,红方无便宜可占。

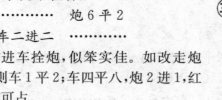

图57

13.　…………　炮2平4

黑方如改走士4进5,红方则炮八进二;车1平2,马二进三,红方易走。

14.车四平六　士4进5　　15.车二退二　马3进4

16.车六进四　炮2平4　　17.兵五进一　…………

红方续冲中兵得车,构思巧妙。正因为有此一步,所以红方第16回合才将计就计进车吃马,一车换双。如改走车六进二,则士5进4;兵五进一,卒5进1,

红无续攻手段。

17.………… 车1平2    18.炮八平七  车2平3

黑方这步平车捉炮,使双车均居暗处。如改走后炮进3,则兵五平六;车2进4,这样要比实战走法好。

19.车六进二  士5进4    20.兵五进一  炮4平5

黑方当然不能走车3进2,否则红方兵五平六,得车。

21.兵五平六  炮5进6    22.相三进五  士4退5

23.马九退七

红方优势。

**第二种走法:士4进5**

10.…………  士4进5

黑方补士固防,正着。

11.车九平六  …………

红方如改走车二平三,黑方则车1平4;马二进四,马7退9,黑方满意。

11.…………  车9平8    12.马二进四  …………

红方跃马是巧着,借兑车之机,迅速进驻攻击位置。

12.…………  车8进1

正着。黑方如改走车1平4,红方则车六进八;马3退4,马四进六;炮2平4,车二平五;马7进8,炮八进三;马4进2(如马4进3,则炮八平九;马8进6,炮五平八;将5平4,车五退二;马6进8,炮八进七;将4进1,车五平八,红方呈胜势),炮五平八,红方大占优势。

13.马四进二  车1平4    14.炮八平六  …………

红方如改走马二进三(如车六平三,则车4进3),黑方则炮6退1;车六平四,车4进3;车四进七,将5平4,红方无趣。

14.…………  炮2退1    15.车六平八  …………

红方如改走炮六进二,黑方则炮6退1;马二进三,双方互缠中红方较易走。

15.…………  车4进3    16.车八进七  马7进8

17.马二进四  士5进6    18.车八退一  马3进4

19.车八进二  将5进1    20.车八平四  马4进5

21.车四退二  马5进7

双方各有顾忌。

## 第58局　红左炮过河对黑兑7卒(二)

1. 炮二平五　马2进3　　2. 马二进三　炮8平6

3. 车一平二　马8进7　　4. 兵三进一　卒3进1

5. 马八进九　象3进5　　6. 炮八进四　卒7进1

7. 兵三进一　象5进7(图58)

如图58形势下,红方有三种走法:炮八平七、兵七进一和车九进一。现分述如下。

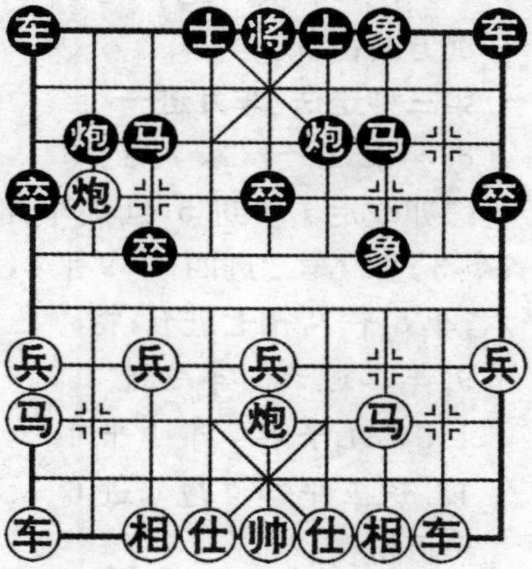

**第一种走法:炮八平七**

8. 炮八平七　…………

红方平炮压马,准备出车抢先。

8. …………　马7进6

9. 车九平八　炮2平1

黑方如改走车1平2,红方则车八进四。红方子力活跃,占优。

10. 车八进四　…………

红方左车巡河,是稳健的走法。如改走车八进六,则卒1进1;车二进六,士4进5;车二平四,马6进4;马三进四,车1平4,黑方反占先手。

图58

10. …………　士4进5

11. 兵七进一　卒3进1

12. 车八平七　车1平4　　13. 兵九进一　象7进5

14. 车二进六　炮6平7　　15. 马三进二　…………

红方右马盘河、放弃底相,正着。

15. …………　炮7进7　　16. 仕四进五　马6进4

17. 炮七平八

红方易走。

**第二种走法:兵七进一**

8. 兵七进一　…………

红方弃兵,准备右车巡河,捉卒争先。

8. …………　卒3进1　　9. 车二进四　象7退5

黑如改走卒 3 平 4,红则车二平六;马 7 进 6,车六平七;象 7 退 5,炮八平
七;车 9 进 2,车九平八;车 1 平 2,车八进五;马 6 进 7,车七平三;马 7 进 5,相三
进五,红方先手。

| 10. 车二平七 | 马 7 进 6 | 11. 炮八平七 | 车 1 平 2 |
| 12. 车九平八 | 车 9 平 8 | 13. 车八进五 | 车 8 进 4 |
| 14. 马三进四 | 车 8 平 7 | 15. 炮五平四 | 马 6 退 4 |
| 16. 车八平六 | 炮 6 进 5 | 17. 车六进一 | 炮 2 进 6 |

红方略占优。

**第三种走法:车九进一**

8. 车九进一　　象 7 退 5

黑如改走士 4 进 5,红则车九平六;车 1 平 4,车六进八;将 5 平 4,兵七进
一;卒 3 进 1,车二进四;车 9 平 8,车二平七;象 7 退 5,炮八平七;车 8 进 6,炮五
平六;车 8 平 7,相七进五;将 4 平 5,双方局势平稳。

| 9. 车二进六 | 车 9 进 2 | 10. 马三进二 | 士 4 进 5 |
| 11. 车九平六 | 车 1 平 4 | 12. 车六进八 | 士 5 退 4 |
| 13. 炮五平二 | 炮 6 进 6 | 14. 马二进三 | 车 9 退 1 |

黑可抗衡。

**小结:**五八炮进三兵对反宫马,红方进炮压马胁象,虽能占得子力上的便
宜,但使双方行棋的速度变缓,且给黑方出动双车的机会,这样黑方可以从容调
整阵形后与红方对抗。

# 第四章　中炮直横车进三兵对反宫马

中炮直横车进三兵对反宫马是一种比较稳健的走法。其布局特点是:红方双车出动后,能够控制河口要道,对于攻守均有利;但是马、炮各子出动的速度较缓,给黑方的压力相对较小,所以,它是一种比较平稳的布局形式。本章列举5局典型局例,分别介绍这一布局中双方的攻防变化。

## 第一节　黑飞右象变例

### 第59局　黑飞右象对红左横车

1. 炮二平五　　马2进3　　2. 马二进三　　炮8平6
3. 车一平二　　马8进7　　4. 兵三进一　　卒3进1
5. 马八进九　　象3进5　　6. 车九进一(图59) ············

红方高横车,是少见的走法。

如图59形势下,黑方有三种走法:炮2平1、士4进5和卒1进1。现分述如下。

**第一种走法:炮2平1**

6.············　　炮2平1

黑方平边炮,准备开出右车,着法积极。

7. 车二进六 ············

红方挥车过河,压制黑方左翼子力。除此之外,还有两种走法:

①车九平六,车1平2;炮八平七,车2进5;相三进一,车9平8;车二进九,马7退8,双方大体均势。

②车九平四,士4进5;车二进六,卒1进1;车二平三,车1平2;炮八平七,车9进2,黑方满意。

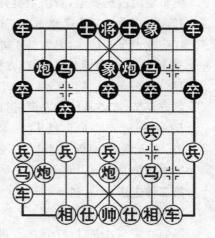

图59

7. ⋯⋯⋯⋯⋯　车1平2　　8. 炮八平七　车9平8

9. 车二平三　炮6进4

黑方进炮,准备弃子取势,是正确的选择。如改走车8进2,则兵三进一,红优。

10. 车三平四　⋯⋯⋯⋯⋯

红如改走车三进一,黑则士4进5;车三退一,炮6平7;车三平四,炮7进3;仕四进五,炮7平9,黑方弃子有攻势。

10. ⋯⋯⋯⋯⋯　炮6平7　　11. 相三进一　马3进4

12. 车四退三　炮7平5

黑方平炮打兵,巧手!如改走车8进6,则车九平六;炮7平5,炮五进四,红方大占优势。

13. 马三进五　马4进5

黑方进马吃马,正着。如改走炮1进4,则马五进六;炮1平6,兵三进一,红方一车换双,并有过河兵,易走。

14. 炮七平六　士4进5　　15. 车九平三　马5退4

16. 兵三进一　车8进5

黑车骑河占据要道,着法紧凑有力。

17. 兵三进一　马7退8　　18. 车四进五　⋯⋯⋯⋯⋯

红应改走车四进二,黑如马4进6,红则车三进三;车8平7,相一进三;车2进5(如马6进5,则相三退五,红方稍优),双方均势。

18. ⋯⋯⋯⋯⋯　卒3进1

黑方弃卒,准备从红方左翼进行反击,是力争主动的走法。

19. 相一进三　炮1退1　　20. 车四退三　马4进3

21. 马九进七　卒3进1　　22. 车三进二　车2平3

黑方优势。

**第二种走法:士4进5**

6. ⋯⋯⋯⋯⋯　士4进5　　7. 车九平六　卒9进1

黑如改走卒1进1,红则车六进三;卒7进1,兵三进一;象5进7,兵七进一;卒3进1(如马7进6,则车六平三;象7退5,兵七进一;象5进3,炮八平七;象3退5,车二进五,红优),车六平七;象7退5,炮八平七,红方稍优。

8. 车二进四　⋯⋯⋯⋯⋯

红方高车巡河,是稳健的走法。如改走马三进四,则卒9进1;炮五平一,车

1 平 4；车六进八，将 5 平 4；马四进三，马 3 进 4；炮八进一，炮 2 进 1；马三退二，车 9 平 8；兵一进一，马 7 进 6；马二退三，车 8 进 9；马三退二，马 4 进 5；相三进五，炮 2 进 2,黑方略优。

| | | | |
|---|---|---|---|
| 8.………… | 车 9 平 8 | 9. 炮八进四 | 卒 1 进 1 |
| 10. 车六进三 | 车 8 进 5 | 11. 马三进二 | 车 1 平 4 |
| 12. 车六进五 | 将 5 平 4 | 13. 炮八平三 | 象 7 进 9 |
| 14. 炮五平一 | 炮 2 平 1 | 15. 炮一进三 | 炮 1 进 4 |
| 16. 马二退三 | ………… | | |

红方退马保兵,是稳健的走法。

| | | | |
|---|---|---|---|
| 16.………… | 卒 1 进 1 | 17. 炮一退一 | 马 3 进 4 |
| 18. 炮一平九 | 马 4 进 5 | 19. 相三进五 | 马 5 进 7 |
| 20. 炮三退四 | 马 7 进 6 | 21. 兵一进一 | 马 6 进 4 |
| 22. 仕四进五 | 马 4 进 6 | 23. 炮三平四 | 马 6 进 8 |
| 24. 兵一进一 | 炮 6 进 4 | 25. 兵七进一 | 卒 3 进 1 |
| 26. 相五进七 | 炮 1 平 5 | 27. 相七进五 | |

黑方足可一战。

**第三种走法:卒 1 进 1**

6.…………　　卒 1 进 1

黑方进卒控制红马,有兑兵(卒)再出车的意图。

7. 炮八平七　…………

红方平炮,是新的尝试。以往多走车九平四(如车九平六,则卒 1 进 1;兵九进一,车 1 进 5;相三进一,车 9 平 8;车二进九,马 7 退 8,双方均势),黑则士 4 进 5;车四进三,车 9 平 8;车二进九,马 7 退 8;仕四进五,炮 2 平 1,黑方满意。

7.…………　　士 4 进 5　　8. 车九平八　　炮 2 平 1

9. 车八进三　炮 1 进 4

黑方炮击边兵,是谋取实利的走法。

10. 车八平四　车 1 平 4　　11. 仕四进五　车 9 平 8

黑方兑车,简明有力。

12. 车二进九　马 7 退 8　　13. 车四平八　马 8 进 7

14. 兵七进一　车 4 进 5

黑方伸车骑河,准备先弃后取,是算度深远的好棋!

15. 车八退一　车 4 退 3　　16. 马九进七　车 3 平 4

17.马七进五 ··········

红方进中马,授人以隙,失算。应改走车八平九,黑如炮6进4,红则炮五平六;马3进2,车九进二;马2进3,相三进五,双方大体均势。

17.·········· 炮6进4 18.车八退三 炮1平3

黑方平炮,是攻守两利之着。

19.马五进四 车4平2

黑方抓住红方进马这一失误,借势欺车,是迅速扩大优势的紧要之着。

20.车八平九 士5进6 21.兵五进一 ··········

红如改走炮七平六,黑则炮6退2,也是黑方占优。

21.·········· 士6进5 22.炮七平六 卒1进1

23.兵五进一 卒5进1 24.马三进五 车2平6

25.马四退六 马3进4 26.马五进六 炮3平9

黑方多卒,大占优势。

## 第二节　黑飞左象变例

### 第60局　黑飞左象对红左横车(一)

1.炮二平五 马2进3　　2.马二进三 炮8平6

3.车一平二 马8进7　　4.兵三进一 卒3进1

5.马八进九 象7进5　　6.车九进一 ··········

至此,形成中炮直横车进三兵对反宫马左象进3卒的布局阵势。红方高左横车,是稳健的走法。

6.·········· 卒1进1

黑方挺边卒,既可克制红方边马,又可车1进3活通己方车路,是灵活的走法。

7.车九平四 士6进5　　8.车四进三 ··········

红方肋车巡河,正着。如改走车二进六,则卒1进1;兵九进一,车1进5;车二平三,车9进2,红方无便宜可占。

8.·········· 车1进3

黑方高车,正着。如改走炮2平1,则炮八进四;车1平2,炮八平三,红方仍持先手。

9.仕四进五　车9平7

黑平象位车预作防范,是以逸待劳的走法。

10.炮五平六(图60)　··············

如图60形势下,黑方有两种走法:马3进2和马7退6。现分述如下。

**第一种走法:马3进2**

10.··············　马3进2

黑方进马兑炮,不如改走马7退6好。

11.炮八进二　··············

红方进炮顶马而不兑炮,是含蓄有力的走法。

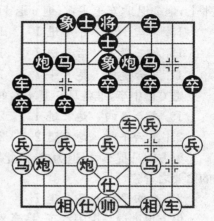

图60

11.··············　炮2平3

12.相三进五　卒5进1

13.兵五进一　··············

红方兑中兵,构思巧妙。

13.··············　车1平5

14.兵五进一　车5进1

15.车四进二　··············

红方进车抢占卒林要道,是紧凑有力之着。

15.··············　车5进1　　16.兵七进一　车5退1

17.兵七进一　车5平3　　18.马三进五　卒7进1

19.兵三进一　车3平7　　20.马五进七　马7进8

21.马七进八　前车进5　　22.车四退六　前车平8

23.车四平二　马8进6

黑方进马,是无奈之着。如改走车7进4,则马八进七;将5平6,炮八平四;炮6平8,相五进三;马2进4,炮四退三,红方胜定。

24.马九进七　炮3平2　　25.马七进八　炮2进2

26.炮八平五

红方优势。

**第二种走法:马7退6**

10.··············　马7退6

黑方回马,以退为进,准备续走卒7进1开通7路线。

11. 相三进五　卒7进1　　12. 车二进四　马3进4

黑方跃马捉车,是力争主动的走法。这里也可改走卒7进1,红则车二平三;车7进5,车四平三;卒5进1,炮八进二;马6进8,兵七进一;卒3进1,车三平七;炮2退1,车七平六;炮6退1,黑不难走。

13. 车四平六　卒7进1　　14. 相五进三　马4退6

15. 相三退五　后马进7　　16. 车二进四　马7进6

17. 车六进四　炮6平7　　18. 马三进四　卒5进1

黑方挺中卒,准备马6退4关车,是灵活有力之着。

19. 车六退四　炮2进4　　20. 马四退三　炮7平6

21. 车六平四　炮6退2　　22. 兵七进一　前马退8

黑方回马捉车,以退为进,由此展开了围困红车的战术计划,是反夺主动权的紧要之着。

23. 车四平六　马6退7

黑方再度退马围困红车,是第22回合退马捉车的后续手段。至此,黑方围困红车的战术计划已告成功。

24. 兵九进一　·············

红方弃边兵,是解救红车的必然之着;否则黑有炮6进1、车二退一、炮2退4打死车的手段。

24. ·············　卒1进1

黑方挺卒吃兵,正着。如误走炮6进1,则车二退一;炮2退4,马九进八,黑方无便宜可占。

25. 兵七进一　卒1进1　　26. 车六平八　卒1进1

27. 炮六平九　炮2平3

黑方得子占优。

## 第61局　黑飞左象对红左横车(二)

1. 炮二平五　马2进3　　2. 马二进三　炮8平6

3. 车一平二　马8进7　　4. 兵三进一　卒3进1

5. 马八进九　象7进5　　6. 车九进一　卒1进1

7. 车九平四　士6进5　　8. 车四进三　车1进3

9. 仕四进五　车9平7(图61)

如图61形势下,红方有三种走法:炮八平七、马三进二和炮八平六。现分述如下。

**第一种走法：炮八平七**

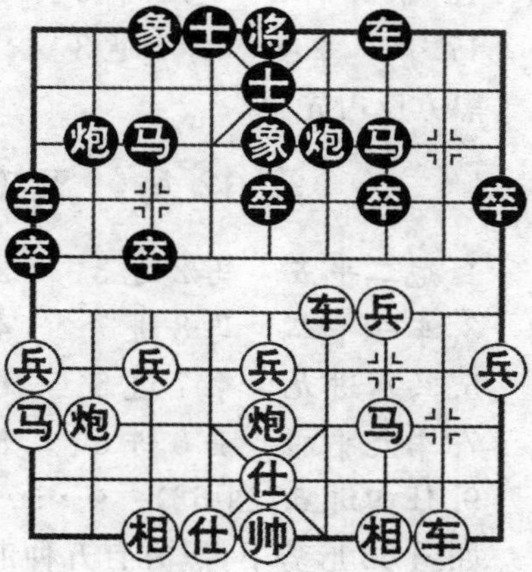

10. 炮八平七　马3进2
11. 车二进六　车1平4
12. 炮七退一　炮6退2
13. 兵九进一　卒1进1
14. 车四平九　车7平8

黑方兑车简化局面，是稳健的应法。

15. 车二进三　马7退8
16. 炮五平六　马8进7
17. 马三进四　卒5进1
18. 炮六平五　车4平6
19. 炮五平四　车6平4
20. 炮四平三　炮6进4
21. 相三进五　马7退8
22. 炮三平一　马8进6
23. 炮一进四　卒7进1
24. 兵三进一　象5进7
25. 炮一退二

红方易走。

图61

**第二种走法：马三进二**

10. 马三进二　车1平4

黑如改走车7平8，红则兵三进一（如炮五平三，则车1平4；兵三进一，象5进7；炮三平二，车8平9；相三进五，车4进1；兵九进一，卒1进1；车四平九，炮2进4；马二退三，象7退5，双方均势）；卒7进1，炮五平二；马3进4，车四平六；炮2平4，炮二进七；炮4进3，炮二平一，红方有攻势。

11. 兵九进一　卒1进1
12. 车四平九　车4进1
13. 马二进三　车4平6
14. 炮八进四　车7平8
15. 车二进九　马7退8
16. 车九平六

红方先手。

**第三种走法：炮八平六**

10. 炮八平六　炮2进2
11. 车二进六　卒7进1
12. 车二平三　炮2退1
13. 炮六进四　炮2退2
14. 炮六退四　卒3进1

黑方弃卒，是抢先之着。

15. 车四平七　炮2平3　　16. 车七平八　马3进4

17. 车八平七　马4退3　　18. 车七平八　炮6退1

黑方反占先手。

# 第62局　黑飞左象对红左横车（三）

1. 炮二平五　马2进3　　2. 马二进三　炮8平6

3. 车一平二　马8进7　　4. 兵三进一　卒3进1

5. 马八进九　象7进5　　6. 车九进一　卒1进1

7. 车九平四　士6进5　　8. 车四进三　车1进3

9. 仕四进五（图62）…………

如图62形势下，黑方有五种走法：炮2平1、车1平4、卒9进1、卒7进1和马3进2。现分述如下。

**第一种走法：炮2平1**

9. …………　炮2平1

黑方平边炮，牵制红方边线，着法含蓄。

10. 车二进六　…………

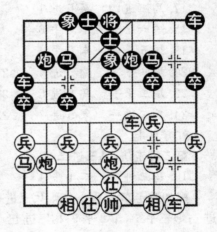

图62

红方进车卒林，着法有力。如改走炮八平七，则车1平4；炮五平六，炮1进4；相三进五，车9平8；车二进九，马7退8；炮七进三，车4平2；炮七平二，车2进1；炮二退一，卒7进一，双方均势。

10. …………　车9平7

11. 马三进二　…………

红如改走炮八平七，黑则车1平4；兵九进一，卒1进1（如炮1进3，则车二平三，黑方左翼受制，红方先手）；车四平九，车4进3；炮五平六，炮1进1；车九平四，卒7进一；车二退二，炮1进1；兵三进一，马7进6；车四进一，炮1平6；兵三平四，车7进6；相三进五，炮6平7；兵七进一，双方各有千秋。

11. …………　车1平4　　12. 车二平三　马3进4

13. 车四平六　卒3进1　　14. 兵七进一　车4平2

黑如改走炮1平3，红则炮八平七；炮3进5，兵七进一，红优。

15. 炮八平七　马4进2　　16. 炮七退一　马2进1

17. 相七进九　车2进5　　18. 炮七退一　炮6进6

19. 兵三进一

红方占优。

**第二种走法：车1平4**

9. ⋯⋯⋯⋯　车1平4　　10. 炮五平六　⋯⋯⋯⋯

红如改走兵九进一，黑则卒1进1；车四平九，车9平8；车二进九，马7退8；炮五平四，卒9进1；炮八平七，炮2平1；相三进五，马8进9；马三进四，炮6进5；炮七平四，卒5进1，双方局势平稳。

10. ⋯⋯⋯⋯　卒7进1　　11. 兵三进一　象5进7

12. 车四平三　象3进5　　13. 兵九进一　卒1进1

14. 车三平九　马7进6　　15. 相三进五　车9平6

16. 车二进四　象7退9　　17. 车二平三　车6平7

18. 炮八退一　车7进5　　19. 车九平三　车4进2

20. 车三平六　马6进4　　21. 炮六进一　马4退6

双方均势。

**第三种走法：卒9进1**

9. ⋯⋯⋯⋯　卒9进1

黑方挺边卒，是静观其变的走法。

10. 炮八平七　⋯⋯⋯⋯

红如改走车二进六，黑则炮2进1（如车9进3，则车二平一；马7进9，马三进二，红方占先手）；车二进二，炮2退2；车二退二，炮2进2，双方不变作和。

10. ⋯⋯⋯⋯　马3进2　　11. 车二进六　马2进1

12. 炮七退一　炮6退2　　13. 车四平八　炮2平4

14. 炮五平六　卒1进1　　15. 车八退一　车9进3

黑方兑车是求稳之着。这里可改走卒9进1，则兵一进一；车9进5，相七进五；卒7进1，兵三进一；卒1平2，黑方易走。

16. 车二平一　马7进9　　17. 兵五进一　卒7进1

18. 马三进二　卒5进1　　19. 兵五进一　卒7进1

20. 马二进一　车1平9

黑不难走。

**第四种走法：卒7进1**

9. ⋯⋯⋯⋯　卒7进1　　10. 兵三进一　象5进7

11. 炮八平七　　…………

红如改走马三进二,黑则炮6平4;炮五平三,象7退5;车四平六,炮2进4;马二进三,炮2平5;炮八平五,车9平8;车二进九,马7退8;马九退八,马8进9;马三退二,炮5退2;马八进七,马3进2,黑方多中卒,占优。

11. …………　象3进5　　12. 车四平八　炮2退2
13. 车二进六　炮2进3　　14. 车二退二　马7进6
15. 兵七进一　炮2平3　　16. 马九退八　卒3进1
17. 车八平七　象5进3　　18. 车七平八　…………
红如误走车七进一,黑则象7退5,红方失车。

18. …………　象7退5　　19. 车二平三　车9平8
20. 炮五平六　车8进6
双方对峙。

**第五种走法:马3进2**
9. …………　马3进2　　10. 炮八进五　…………

红如改走炮八进二,黑则炮2平3;炮五平七,卒7进1;兵三进一,象5进7;相三进五,象7退5;车二进六,卒9进1,双方呈均势。

10. …………　炮6平2　　11. 车二进六　车9平7
12. 炮五平四　马2进1

黑马踏兵,是谋取实利的走法。如改走车1平4,则兵九进一;卒1进1,车四平九;车4进1,马三进四;车4平5,兵五进一;车5平9,车二退三,红方先手。

13. 相三进五　马1退2　　14. 兵七进一　卒3进1
15. 车四平七　卒1进1　　16. 马九进七　马2进3
17. 车七退一　炮2平4
双方均势。

# 第63局　黑飞左象对红左横车(四)

1. 炮二平五　马2进3　　2. 马二进三　炮8平6
3. 车一平二　马8进7　　4. 兵三进一　卒3进1
5. 马八进九　象7进5　　6. 车九进一(图63)　…………
如图63形势下,黑方有两种走法:士6进5和炮2平1。现分述如下。

**第一种走法:士6进5**
6. …………　士6进5

**7.车九平六** ⋯⋯⋯⋯

红方车控左肋,是机动灵活的走法。如改走车九平四,则车1进1;车四进三,车1平4;仕四进五,炮2进2;炮五平四,炮6进5;车四退二,车4进4;相三进五,车9平7;车四进二,车4平6;马三进四,卒7进1;兵三进一,炮2平7;兵九进一,车7平6;车二进四,马7进6,黑方满意。

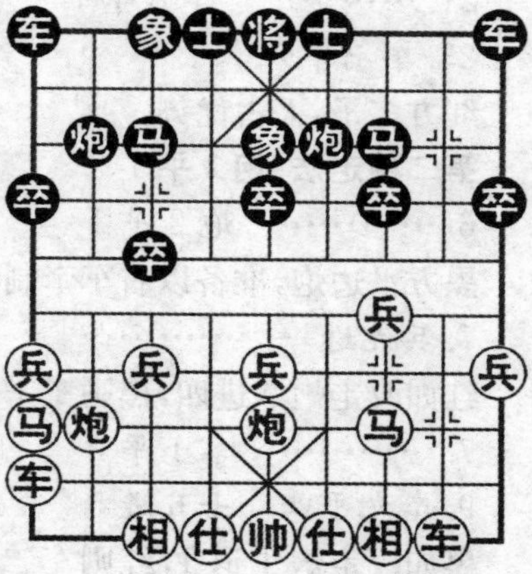

**7.** ⋯⋯⋯⋯⋯⋯ **卒1进1**

黑如改走炮2平1,红则炮八平七;车1平2,车六进三;卒1进1,仕四进五;车9平7,马三进四;炮1进4,马四进三;车2进6,炮五平三;炮1平3,相三进五;车7平8,车二进九;马7退8,马三进二,红优。

图63

**8.车六进三 车1进3**

**9.仕四进五 马3进2**

黑方进马兑炮,似不如改走卒7进1兑卒更有弹性。

**10.炮八进五 炮6平2** **11.马三进四 卒3进1**

**12.车六平七 车1平4** **13.炮五平四 炮2平1**

**14.相三进五 马2进4** **15.兵九进一 炮1进3**

黑炮打兵后左马受攻,被红方乘机扩大了优势。如改走卒1进1,则车七平九,也是红方多兵且子力占位较好,红方易走。

**16.车二进七 车9平8**

黑方弃马力求一搏,是无奈之着。如改走车9平7,则兵五进一,黑方各子受制,红方大占优势。

**17.车二平三 炮1进1** **18.马四进三 车8进9**

黑如改走象5退7,红则车三进一;象3进5,马三进二;炮1平5,车三平四,红方多子,大占优势。又如改走炮1平5,则马三进一;车8平6,马一进三;车6进1,车三退一,也是红方多子,大占优势。

**19.炮四退二 车8退6** **20.兵三进一 卒5进1**

**21.兵三平二** ⋯⋯⋯⋯

红方献兵,逼使黑方换子,以便稳占多子优势,是简明有力的走法。

21. ··········    车8平7    22. 车三退一    车4平7

23. 车七平六

红方多子,大占优势。

**第二种走法:炮2平1**

6. ··········    炮2平1

黑方平边炮,准备以右车牵制红方左翼。

7. 兵九进一    ··········

红如改走炮八进四,黑则车1平2;炮八平三,车2进5,红无便宜可占。

7. ··········    车1平2    8. 炮八平七    炮1进3

9. 车九平四    士6进5    10. 车四进三    卒1进1

黑如改走炮1退1,红则车二进六;卒7进1,车二平三;车9进2,兵三进
一;炮1平7,马三进二,红方子力灵活,形势占优。

11. 车二进六    车9进2

双方对峙。

**小结:** 中炮直横车进三兵对反宫马左象变例,先手攻势不强,因此近年来实
战中采用不多。黑飞右象是改进后的走法,效果有待于实战验证。

# 第五章　中炮进三兵对反宫马左横车

中炮进三兵对反宫马左横车,是中炮对反宫马布局阵势中的一种。黑方第3回合高横车,迅速开动左翼主力,意在求变,实施以攻为守的积极性防御。这是一种对攻性较强的布局阵势。黑方左横车变例复杂多变,并经常出现激烈的对攻局面,因而受到攻杀型棋手的青睐。本章列举了12局典型局例,分别介绍这一布局中双方的攻防变化。

## 第一节　红左炮过河变例

### 第64局　红进炮胁卒对黑补架中炮

1.炮二平五　马2进3　　2.马二进三　炮8平6

3.车一平二　马8进7　　4.兵三进一　车9进1

至此,形成中炮进三兵对反宫马左横车的阵势。黑方高横车,迅速开动左翼主力。

5.炮八进四 ·············

红方进炮威胁黑方中路,是针对反宫马横车的有效攻击手段。

5.············　炮6平5(图64)

黑方补架中炮,掩护中路。

如图64形势下,红方有三种走法:兵七进一、马八进七和车二进六。现分述如下。

**第一种走法:兵七进一**

6.兵七进一　车9平4

7.马八进七　车4进3

8.车二进八　马3退5

黑方退窝心马乃失察之着,是使局势

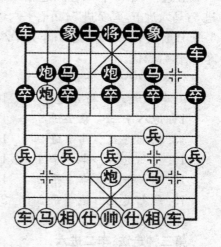

图64

迅速恶化的症结所在。不如改走车4平2捉炮或炮5退1避捉,这样黑方尚可支撑。

9.车二平四 卒3进1 10.炮八平三 象7进9

11.车九平八 车1平2

黑如改走炮2平3,红则兵七进一;车4平3,马七进六,红方亦大占优势。

12.马三进四 车4平8

黑方逃车,无奈之着。如改走车4进3,则马四进五,黑方亦难应对。

13.马四进五 马7退8 14.马五退七

红方胜势。

**第二种走法:马八进七**

6.马八进七 车9平6

黑如改走车9平4,红则兵七进一;车4进3,马三进四,车4平2(如车4平6,则炮八退二;车1进1,车二进六;车6平2,炮八进三;炮5平2,车二平三,红优),炮八平五;马3进5,马四进五;马7进5,炮五进四;士4进5,相七进五;车2平5,炮五平一;炮5进4,仕六进五,红优。

7.炮八退二 ··········

红如改走兵七进一,黑则车6进3,车二进八(如马七进六,则车6平4;炮八退二,卒3进1;炮五平六,车4平5;兵七进一,车5平3;相三进五,炮5平4,双方均势),炮5退1;炮八退二,卒5进1,马七进六,车6退1;车二退二,卒5进1;兵五进一,车6平4;仕六进五,卒3进1;炮五平六,车4平6;兵七进一,马3进5;马六进五,马7进5;兵七平六,马5进4;车二退三,马4进2;炮六退一,车6平3;炮八平九,马2进3;车九平八,车1平2;车八进五,车3进2;炮九平八,车3平4,黑优。

7.·········· 卒3进1 8.炮八进二 车6进3

9.车二进六 马3进2 10.仕六进五 马2进3

11.炮八平三 象7进9 12.炮三平一 马3进5

13.相七进五 马7进9 14.车二平一 炮2平3

15.马七进六 车6平4 16.马六进八 炮3退1

17.车一平五 车1平2 18.马八进七 车4退2

19.马七退九 炮3平5 20.车五平四

红方多兵占优。

**第三种走法:车二进六**

6.车二进六 车9平4 7.车二平三 炮5退1

8. 炮八退二　炮5平7　　9. 车三平四　卒3进1

10. 炮八平五　象7进5　　11. 车四进一　马7进8

12. 前炮进三　…………

红方进炮打象，着法凶悍。

12. …………　炮2进2　　13. 车九进一　…………

红方高横车，准备弃子取势。

13. …………　炮7进6　　14. 车九平四　车4平8

15. 前车进二　将5进1　　16. 前炮平六　车1平2

17. 后车进六　马3进4　　18. 兵三进一　马8进9

19. 炮五平六　车8平7　　20. 后炮进二　车2进2

21. 兵三进一　马9退8　　22. 后炮平三　车7平8

23. 前车平六　炮7退4　　24. 炮三平五　象3进5

25. 车四进二

红方优势。

## 第65局　　红进炮胁卒对黑挺3卒(一)

1. 炮二平五　马2进3　　2. 马二进三　炮8平6

3. 车一平二　马8进7　　4. 兵三进一　车9进1

5. 炮八进四　卒3进1

黑方挺3卒活通右马，是改进后的
走法。

6. 马八进九　车9平4

7. 炮八平三　…………

红方炮打7卒，是谋取实利的走法。

7. …………　象7进5

8. 车九平八　车1平2

9. 车八进四　炮2平1(图65)

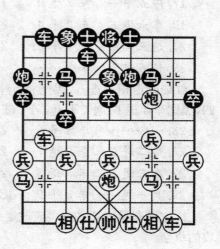

图65

黑如改走卒3进1,红则兵七进一；车4
进4,车二进四；马3进4,车八退四；车4平
3,兵三进一；车3退1,兵三平四；炮6退1,
兵四平五；马4退3,前兵进一，红优。

如图65形势下，红方有两种走法：车

八平四和车八进五。现分述如下。

**第一种走法：车八平四**

10. 车八平四　　士4进5

11. 兵三进一　　…………

红方三兵渡河，以后可车二进四联车，是稳健的走法。如改走车二进八，则车4进7；车二平三，马3进4；车四进一，炮6进7；车四平六（如马三退四，则马4进5；车四退二，马5进3；炮五进五，将5平4；马四进五，象3进5，黑优），车4退4；马三退四，车2进5；相三进一，车2进2；炮五平三，车4进4；后炮退二，车4平6；前炮平二，将5平4，黑方胜势。

11. …………　　车4进7

黑方如改走象5进7飞兵，红方则车二进八点车，黑方阵形散乱，难以抵挡红方的攻击。

12. 车四平三　　马3进4　　13. 车二进四　　…………

红方如改走炮三平二，黑方则有炮6进5的手段。

13. …………　　象5进7　　14. 车三平六　　车2进8

黑方双车于二线联手，着法奇特，亦是当前的最佳选择。如改走车4退3，则车二平六；马4退3，车六平三，黑方左翼有弱点，红方易走。

15. 炮五进四　　炮6平5　　16. 仕四进五　　马4退3

17. 炮五平一　　象7退9　　18. 炮一平二　　马3进5

19. 车六退三　　车2平4　　20. 车二平三　　炮1进4

21. 炮三平四　　炮1平5　　22. 马三进五　　炮5进4

23. 仕五进六　　…………

红如改走相三进五，黑则将5平4；帅五平四，车4退4。红如改走仕五进四，黑则车4退6；炮二平五，马7进5；车三平五，马5进4，红方难占便宜。

23. …………　　车4平6　　24. 车三进三　　车6退5

25. 炮二进三　　象9退7　　26. 车三进二　　车6平8

27. 车三退三　　车8退3　　28. 车三平五　　车8进6

29. 兵一进一　　车8平9　　30. 车五退一　　…………

红方退车是失算之着。应改走兵一进一过河，保留车、马、兵，这样还有进攻的机会。

30. …………　　卒3进1　　31. 兵七进一　　车9退1

32. 车五退二　　车9平3　　33. 相三进五　　车3退3

双方和势。

**第二种走法：车八进五**

| | |
|---|---|
| 10.车八进五　马3退2 | 11.炮五进四　士4进5 |
| 12.仕四进五　马2进3 | 13.炮五退二　车4进2 |
| 14.炮三平二　将5平4 | |

黑方将5平4,着法有力。

| | |
|---|---|
| 15.相三进五　炮1进4 | 16.炮二退二　马7进6 |
| 17.炮二进五　将4进1 | 18.炮五平四　炮6进3 |
| 19.马三进四　马3进5 | 20.马四退三　马6进5 |

黑方优势。

## 第66局　红进炮胁卒对黑挺3卒(二)

| | |
|---|---|
| 1.炮二平五　马2进3 | 2.马二进三　炮8平6 |
| 3.车一平二　马8进7 | 4.兵三进一　车9进1 |
| 5.炮八进四　卒3进1 | 6.马八进九(图66) ·········· |

如图66形势下,黑方有两种走法:象3
进5和象7进5。现分述如下。

**第一种走法：象3进5**

6.··········　象3进5

黑方飞右象,嫌软。

7.炮八平三　车1平2

8.车九平八　炮2进4

9.兵三进一　车9平4

10.兵三平四　士4进5

11.仕四进五　车4进4

12.兵四进一　车4平7

13.马三进二　炮2平5

14.车八进九　马3退2

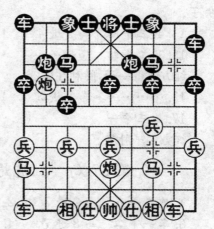

图66

| | |
|---|---|
| 15.兵四进一　士5进6 | 16.相三进一　车7退1 |
| 17.车二平三　车7平8 | 18.车三进三　炮5退1 |
| 19.车三进一　卒5进1 | 20.炮三进三　象5退7 |
| 21.车三平五 | |

红方多子胜势。

**第二种走法:象7进5**

6. ⋯⋯⋯⋯ 象7进5　　7.车二进六　⋯⋯⋯⋯

红方进车,加强对黑方左翼的攻击。如改走炮八平三,则炮2进5;车九平八,炮2平7;炮三退四,马7进6;车二进三,车1进1;车八进一,车1平2;车八进七,车9平2;兵九进一,车2平4;兵五进一,车4进4;兵五进一,车4平7,黑方占先手。

7. ⋯⋯⋯⋯ 炮6进4

黑如改走车9平4,红则车二平三;马7退9,马三进四,也是红方易走。

8.马三进二　车9平6　　9.车九进一　炮2平1

10.车九平四　⋯⋯⋯⋯

红方平车拴链黑方车炮,紧凑、有力,是争先取势的重要手段。

10. ⋯⋯⋯⋯ 车1平2　　11.炮八平三　车2进5

12.兵三进一　车2平6

黑方平车失察,被红方谋得一子。应改走炮6退1,虽然仍居被动,但不致失子。

13.兵三平四　马3进4　　14.车四进二　前车进1

15.马二退四　⋯⋯⋯⋯

红方谋得一子,胜利在望。

15. ⋯⋯⋯⋯ 车6进3　　16.马四进二　车6平7

17.炮三平一

红方多子胜势。

## 第67局　红进炮胁卒对黑挺3卒(三)

1.炮二平五　马2进3　　2.马二进三　炮8平6

3.车一平二　马8进7　　4.兵三进一　车9进1

5.炮八进四　卒3进1　　6.马八进七　车9平4

7.炮八平三　象7进5　　8.车九平八　车1平2(图67)

如图67形势下,红方有两种走法:炮五平四和车八进六。现分述如下。

**第一种走法:炮五平四**

9.炮五平四　炮2进4

10.车八进二　马3进4

黑如改走卒5进1,红则相三进五;车4
进2,车二进六;炮6退1,仕四进五;炮2退
3,马三进二;车4进6,仕五退六;炮2平8,
车八进七;马3退2,兵七进一,卒3进1,相
五进七;马2进1,炮四平五;马1进3,马二
进一,马7进9,炮三平一;炮8进4,马七退
五;卒1进1,炮一进三;士6进5,兵三进
一,红方多兵易走。

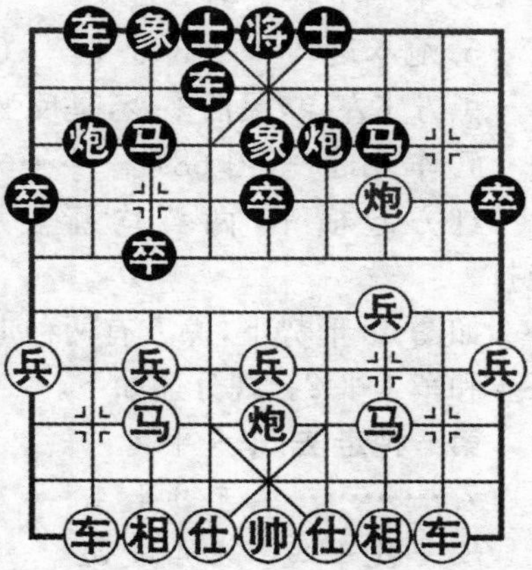

11. 相三进五　　马4进3

12. 仕四进五　　车2进2

13. 车二进六　　卒3进1

14. 炮三平九　　车4进2

15. 炮九进二　　士6进5

图 67

16. 兵三进一　　象5进7　　　17. 车二平三　　炮6退2

18. 车三退一　　炮6平7　　　19. 车八进一　　车2进4

20. 车三进二　　炮7进7　　　21. 车三退五　　车2退5

22. 炮九退一　　车2进1　　　23. 炮九进一　　卒3平4

24. 车三进七　　士5退6　　　25. 炮九平一　　车2平8

双方各有顾忌。

**第二种走法:车八进六**

9. 车八进六　　车4进6　　　10. 马三退五　　士4进5

11. 炮五平一　　炮2平1　　　12. 车八进三　　马3退2

13. 马五进三　　车4退3　　　14. 相三进五　　马2进3

15. 车二进一　　卒1进1　　　16. 车二平八　　车4平8

17. 车八进三　　车8进3　　　18. 炮一退二　　炮1进1

黑方兑炮,着法有力。

19. 炮三平九　　马3进1　　　20. 马七退五　　马1退3

21. 车八平四　　马7进8　　　22. 兵三进一　　马8进9

23. 马三进二　　马9进8

双方各有顾忌。

# 第68局　红进炮胁卒对黑挺3卒(四)

1. 炮二平五　　马2进3　　　2. 马二进三　　炮8平6

3. 车一平二　马8进7　　4. 兵三进一　车9进1

5. 炮八进四　卒3进1　　6. 炮八平三　象7进5

黑方飞左象,灵活多变,是反弹力较强的走法。

7. 车九进一(图68)⋯⋯⋯⋯⋯

红方起横车,两翼均衡发展,稳扎稳打。

如图68形势下,黑方有两种走法:车9平4和车1平2。现分述如下。

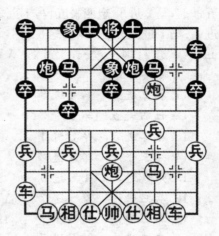

图 68

**第一种走法:车9平4**

7. ⋯⋯⋯⋯⋯　车9平4

8. 车九平四　士4进5

9. 马八进九　⋯⋯⋯⋯

红方进边马,失算。

9. ⋯⋯⋯⋯⋯　车1平2

黑方开出右车,是含蓄有力的走法。

10. 车二进八　炮2进6

黑方进炮点相腰,是上一回合出车的续进手段,也是夺取优势的关键之着。

11. 车四进三　⋯⋯⋯⋯

红如改走车四进六,黑则将5平4;车四平三,车4进8;帅五进一,车4退1;帅五退一,炮2进1;马九退八,车4进1;帅五进一,车2进8,黑胜。

11. ⋯⋯⋯⋯⋯　炮2平1　　12. 仕四进五　车4进7

黑方进车,算准可以抢先入局,实战中弈来煞是精彩好看!

13. 炮五平四　马3进4　　14. 车四退一　车2进9

15. 炮四进五　车2平3

黑方胜势。

**第二种走法:车1平2**

7. ⋯⋯⋯⋯⋯　车1平2　　8. 车九平四　炮6退1

9. 车二进七　马3进2　　10. 马三进二　卒3进1

11. 炮五平一　卒9进1　　12. 马八进九　炮6平3

黑应改走卒3进1,红则车四进四;炮2平3,相七进五;炮6平1,黑有对攻之机。

13. 相七进五　卒 3 进 1　　14. 车四进三　士 4 进 5

15. 兵一进一　卒 3 平 4　　16. 车四平七　炮 3 进 3

17. 兵三进一　马 2 进 1　　18. 车七平八　炮 3 平 2

19. 车八平六　卒 4 平 5　　20. 马二进四

红方易走。

## 第二节　红两头蛇变例

### 第 69 局　红两头蛇对黑平车右肋（一）

1. 炮二平五　马 2 进 3　　2. 马二进三　炮 8 平 6

3. 车一平二　马 8 进 7　　4. 兵三进一　车 9 进 1

5. 兵七进一　车 9 平 4　　6. 炮五平四　⋯⋯⋯⋯⋯

至此，形成中炮两头蛇对反宫马左横车的阵势。红方卸中炮调整阵形，是稳健的走法。

　　6. ⋯⋯⋯⋯⋯　炮 6 平 5

黑方补架中炮，从中路反击，是针锋相对之着。

　　7. 马八进七　卒 5 进 1（图 69）

如图 69 形势下，红方有三种走法：仕四进五、仕六进五和炮四进五。现分述如下。

**第一种走法：仕四进五**

　　8. 仕四进五　⋯⋯⋯⋯⋯

红如改走相七进五，黑则马 3 进 5；仕六进五，卒 3 进 1；炮八进四，炮 2 平 3；炮八平三，象 7 进 9；车九平八，卒 3 进 1；马三进四，卒 3 进 1；马七退九，卒 5 进 1；马四进五，马 7 进 5；车八进六，马 5 进 3，黑优。

　　8. ⋯⋯⋯⋯⋯　马 3 进 5

黑如改走卒 3 进 1，红则兵七进一；马 3 进 5，兵七平六；车 4 进 3，马七进八；车 4 平 1，炮八进五；车 4 平 2，炮八平三；马 5 退 7，车九进二；马 7 进 5，车二进六；车 2

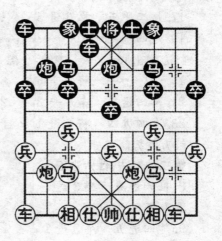

图 69

平 7,炮四退一;炮 5 平 3,车九平四;炮 3 进 1,车二进三;象 3 进 5,帅五平四;士 4 进 5,炮四进八;马 5 退 7,炮四平九;马 7 退 8,帅四平五;马 8 进 7,马三进四,红优。

9.炮八进四　卒 3 进 1　　10.炮八平三　象 7 进 9

11.兵七进一　马 5 进 3　　12.车九平八　车 4 进 2

13.炮三平二　炮 2 平 3　　14.相七进五　卒 5 进 1

黑方冲中卒略嫌急,应以改走车 1 进 1 开动右车为宜。

15.车八进八　…………

红方进车下二路抢先发难,显示了绝佳的攻击意识,并由此步入佳境。

15.…………　炮 5 退 1

黑方退炮,招致速败。这里,还有另外三种选择,结果对黑方也不利:

①士 6 进 5,炮二进三,红方攻势猛烈。

②士 4 进 5,车八平七,黑方难应。

③炮 5 进 4,车八平三;象 3 进 5,炮二进三;象 9 退 7,车二进三,黑方也难走。

16.炮二进一　炮 3 平 5

红方兑炮撕开黑方防线,黑方平中炮空着,对黑方无疑是雪上加霜,使红方接下来可以大展拳脚。

17.炮二平五　象 3 进 5　　18.车二进七　马 7 进 6

19.炮四进七　…………

红方炮击底士,一击中的,令黑方难以应对。

19.…………　将 5 平 6　　20.车二平四　将 6 平 5

21.车四退二　车 1 平 3　　22.帅五平四　炮 5 平 3

23.车四进四　将 5 进 1　　24.兵五进一

红方胜势。

**第二种走法:仕六进五**

8.仕六进五　卒 3 进 1

黑方弃 3 卒,佳着。

9.炮四进五　卒 3 进 1

正着。如改走炮 5 进 4,则马七进五;炮 2 平 6,炮八平五,红优。

10.炮四平七　马 7 进 5　　11.炮七退一　车 4 平 3

12.炮七平三　卒 3 进 1　　13.马七退六　卒 3 进 1

14. 炮八进二　·········

红方升炮巡河,诱使黑方车3进4,再弃还一子,借以缓解黑方的攻势。

14. ·········　车3进4

黑方进车捉炮,是稳健的走法。如改走卒5进1,则兵五进一;马5进3;黑虽少一子,但有攻势。

15. 相七进五　车3平2　　16. 马六进七　车2进2
17. 马七进六　马5进3　　18. 车二进五　炮5退1
19. 车二平五　象3进5　　20. 车五平六　车2退4

双方各有顾忌。

**第三种走法:炮四进五**

8. 炮四进五　·········

红方进炮打马,是新变着。

8. ·········　卒5进1　　9. 炮四平七　马7进5
10. 仕六进五　马5退3　　11. 相七进五　·········

红方飞相固防,是改进后的走法。如改走车二进五,则车4进7;兵五进一,车4平3;马三进五,炮2退1;炮八进三,卒3进1;车二平七,车1进2;车七进一,炮5进4;马七进五,炮2平3;车七平八,马3进2;车八退一,炮3平5;马五退三,车3平4,红方虽多两兵,但阵势欠佳,此局面下黑方易走。

11. ·········　卒3进1

黑应改走卒5进1,红如马七进五,黑则马3进5。

12. 兵七进一　马3进5　　13. 兵七进一　车4进5

黑如改走马5进3,红则车九平七;车4进7,相五进七,也是红方易走。

14. 炮八进四　·········

红方进炮打马,是力争主动的走法。

14. ·········　马5进3　　15. 车九平七　炮5进4
16. 马七进五　象3进5　　17. 车二进六　卒5进1
18. 马三进四　车4退1　　19. 车七进四　车4平3
20. 相五进七　士4进5　　21. 马四进六　车1平4

22. 车二退一　·········

红方退车,佳着。

22. ·········　卒7进1　　23. 马六进四　车4进5
24. 车二平三　炮2退1　　25. 车三平六　车4退1

26.马四退六

红方多兵占优。

## 第70局　红两头蛇对黑平车右肋(二)

1.炮二平五　马2进3　　2.马二进三　炮8平6

3.车一平二　马8进7　　4.兵三进一　车9进1

5.兵七进一　车9平4　　6.炮五平四(图70)••••••••••••

如图70形势下,黑方有两种走法:车4
进3和炮2平1。现分述如下。

**第一种走法:车4进3**

6.••••••••••　车4进3

7.相三进五　••••••••••

红方亦可改走马八进七,黑如卒7进
1,红则车二进四;士4进5,马三进四;车4
平5,炮四平三;象3进5,炮八退一,卒7进
1,车二平三;马7进8,炮八平三;象7进9,
马四进三;车5平6,后炮平二;车1平2,车
九平八;象9退7,车八进六;车6进4,炮二
进三;炮2退1,仕六进五;车6平7,马三退
五;象7进9,炮三平二;车7退3,马五退

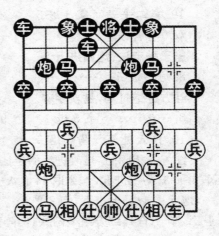

图70

三;马8退7,马三进二;炮2平1,车八平七;车2平3,马二进四;士5进6,兵七
进一,红优。

7.••••••••••　士4进5　　8.车二进六　炮6平4

9.马三进四　车4平5　　10.马八进七　象3进5

11.炮八退一　炮4进6　　12.车二进一　马3退4

13.车二退六　炮4退6　　14.炮八平三　卒3进1

15.兵七进一　车5平3　　16.车九平八　炮2平3

17.马七进六　炮3退1　　18.兵三进一　象5进7

19.炮三进五　象7进5　　20.炮四平三　马4进3

21.马六进五　车3进2　　22.前炮平二

红方优势。

**第二种走法:炮2平1**

6.••••••••••　炮2平1　　7.马八进七　车1平2

8. 车九平八　车 2 进 4　　9. 炮八平九　车 2 进 5

10. 马七退八　车 4 进 3

黑如改走炮 6 平 5，红则马八进七；卒 5 进 1，仕四进五；卒 5 进 1，兵五进一；马 3 进 5，炮四平五；炮 5 进 3，马三进五；炮 1 平 5，车二进六；车 4 进 5，车二平三；卒 3 进 1，炮五进二；炮 5 进 3，兵七进一；车 4 平 3，相三进五；车 3 退 2，炮九进四；象 3 进 5，兵九进一；车 3 进 2，兵九进一；士 4 进 5，炮九进一；象 5 退 3，炮九平八；车 3 退 2，兵九进一；车 3 进 2，兵九平八，红优。

11. 马八进七　卒 3 进 1　　12. 马三进四　车 4 平 5

13. 马四退六　车 5 平 4　　14. 马六进七　象 3 进 5

15. 前马进九　马 3 进 1　　16. 炮九进四　卒 7 进 1

17. 车二进六　炮 6 退 1　　18. 车二进二　炮 6 平 5

19. 兵三进一　车 4 平 7　　20. 相七进五　炮 1 退 1

21. 车二退一　卒 9 进 1　　22. 炮九平八　炮 5 平 9

23. 炮八进三　马 7 进 8　　24. 马七进六　车 7 平 4

25. 兵七进一　车 4 平 3　　26. 马六进五　车 3 平 2

27. 炮四进六　车 2 退 2　　28. 车二退二

红方易走。

## 第 71 局　　红两头蛇对黑平车右肋（三）

1. 炮二平五　马 2 进 3　　2. 马二进三　炮 8 平 6

3. 车一平二　马 8 进 7　　4. 兵三进一　车 9 进 1

5. 兵七进一　车 9 平 4　　6. 炮八平七　车 4 进 3

7. 马八进九　车 1 平 2

黑如改走车 4 平 2，红则车九进一；士 4 进 5，车九平六；卒 7 进 1，车二进四；象 3 进 5，马三进四；车 1 平 4，车六进八；将 5 平 4，双方均势。

8. 车九平八　象 3 进 5　　9. 车二进六　士 4 进 5（图 71）

如图 71 形势下，红方有两种走法：车二平三和炮五平四。现分述如下。

**第一种走法：车二平三**

10. 车二平三　马 7 退 8　　11. 车八进六　车 4 退 1

12. 相三进一　车 4 平 3　　13. 炮七进一　炮 2 平 1

黑方兑车，势在必行。

14. 车八进三　马 3 退 2

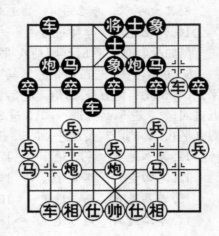

15. 仕四进五　马2进4

16. 车三平四　卒3进1

17. 炮五进四　‥‥‥‥‥‥

红方炮击中卒,谋取实利。

17. ‥‥‥‥‥‥　马4进5

18. 车四平五　车3平2

19. 马三进二　马8进7

20. 车五平三　卒3进1

21. 炮七退二　炮1平3

22. 兵三进一　车2进2

23. 车三平七　‥‥‥‥‥‥

红如改走炮七进六,黑则炮6平3;车

三平七,炮3退2;车七退二,马7进5,黑方满意。

23. ‥‥‥‥‥‥　车2平8　　24. 马二进三

双方各有顾忌。

**第二种走法:炮五平四**

10. 炮五平四　‥‥‥‥‥‥

红方卸中炮调整阵形,是灵活有力的走法。

图 71

10. ‥‥‥‥‥‥　车4进2　　11. 相三进五　炮2进4

12. 仕四进五　炮2平5　　13. 车八进九　马3退2

14. 车二平三　炮5平7　　15. 车三平五　马2进4

16. 车五退一　炮7平1　　17. 兵三进一　‥‥‥‥‥‥

红方三兵渡河,展开攻击。

17. ‥‥‥‥‥‥　车4平7　　18. 炮四进四　炮1退2

19. 炮四平三　车7平4　　20. 马九进八

红方优势。

## 第 72 局　红两头蛇对黑平边炮

1.炮二平五　马2进3　　2.马二进三　炮8平6

3.车一平二　马8进7　　4.兵三进一　车9进1

5.兵七进一　炮2平1(图72)

如图 72 形势下,红方有两种走法:炮八进四和炮八平七。现分述如下。

—138—

### 第一种走法：炮八进四

6.炮八进四　··········

红方炮进卒林，是力争主动的走法。

6.··········　炮6平5

7.马八进七　车9平6

8.车二进五　车6进6

9.兵七进一　车6平7

10.兵七进一　车7退2

11.车二平七　车1平2

12.车九平八　车2进2

13.仕六进五　士6进5

14.车八进四　车7进4

15.马七进六　车7退5　　16.车七平三　卒7进1

17.车八退一　炮5平6　　18.炮五平八　车2退1

19.兵七进一　象7进5　　20.后炮平七

红方优势。

### 第二种走法：炮八平七

6.炮八平七　象3进5　　7.炮七进四　··········

红方进炮打卒，是攻守两利之着。

7.··········　车1平2　　8.马八进七　车2进4

9.车九平八　车2进5　　10.马七退八　车9平2

11.马八进七　车2进3　　12.车二进六　士4进5

13.车二平三　马7退8　　14.车三平二　马8进7

15.仕四进五　卒9进1　　16.炮五进四　马7进6

17.车二平四　炮6平7　　18.马三退一　马3进5

19.车四平五　马6进7　　20.车五平二　炮1平3

21.相三进五　车2平4　　22.马一退三　车4进4

23.马三进四　马7进5　　24.马七进六　车4退3

25.相七进五　车4进1　　26.兵五进一　炮3进3

27.炮七平五　炮3进1　　28.炮五退一

红方大占优势。

## 第73局　黑左横车对红进边马(一)

1. 炮二平五　马2进3　　2. 马二进三　炮8平6

3. 车一平二　马8进7　　4. 兵三进一　车9进1

5. 马八进九　·············

红方左马屯边,是稳健的走法。

5. ·············　车9平4

6. 仕四进五　车4进4

7. 相三进一　士4进5(图73)

如图73形势下,红方有三种走法:车二进六、炮八平七和车二平四。现分述如下。

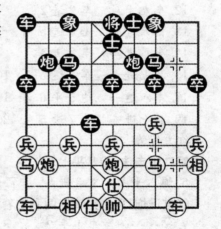

图73

### 第一种走法:车二进六

8. 车二进六　炮6平4

9. 炮八平七　车1平2

10. 车九平八　炮2进6

11. 车二平三　象3进5

12. 兵三进一　卒3进1

13. 兵三平四　炮4进7

黑方弃炮打仕,是力求一搏的走法。

14. 仕五退六　车4进2

15. 炮七退一　车2平4

16. 帅五平四　前车进2　　17. 炮五退二　炮2平1

黑方应以改走炮2退4打兵为宜。

18. 炮七平四　后车进7　　19. 车三进一　后车平6

20. 兵四平五　卒5进1　　21. 车三退三　车4退1

22. 马三退二　炮1平6　　23. 车三退二　车6退1

24. 车三退一　炮6平5　　25. 车三平四　车6平8

26. 车八进二

对攻中红方多子占优。

### 第二种走法:炮八平七

8. 炮八平七　车1平2　　9. 车九平八　炮2进4

黑方进炮封车,是力争主动的走法。

　　10. 车二进六　••••••••••

　　红方车进卒林,略嫌急。可考虑改走车二平四,黑如卒 3 进 1,红则车四进四;车 4 平 6,马三进四;象 3 进 5,双方局势平稳。

　　10. •••••••••　炮 6 平 4　　11. 车二平三　象 3 进 5

　　12. 兵三进一　卒 3 进 1

　　黑方挺卒活马,正着。如改走车 4 退 1,则马三进四;车 4 平 7,车三退一;象 5 进 7,兵七进一;象 7 退 5,马四进六,红优。

　　13. 兵三平四　炮 2 退 3　　14. 兵四进一　卒 1 进 1

　　15. 兵五进一　••••••••••

　　红方应以改走炮七平六为宜。

　　15. •••••••••　车 4 平 5　　16. 兵七进一　炮 2 平 3

　　17. 车八进九　马 3 退 2　　18. 车三退三　车 5 平 3

　　19. 马三进五　炮 4 进 4　　20. 车三进四　••••••••••

　　红方随手吃马,导致败局。应改走马五进三,则较为积极有力。

　　20. •••••••••　车 3 进 2　　21. 兵四平五　车 3 平 2

　　22. 仕五进六　炮 3 进 6　　23. 仕六进五　炮 3 退 2

　　黑方退炮兑炮,是连消带打之着。

　　24. 炮五平七　车 2 平 3　　25. 兵五进一　象 7 进 5

　　26. 车三平五　车 3 平 1

　　黑方多子,呈胜势。

### 第三种走法:车二平四

　　8. 车二平四　象 3 进 5　　9. 炮八平七　车 4 平 2

　　10. 兵九进一　车 2 退 1　　11. 车四进六　车 1 平 4

　　12. 车四平三　马 7 退 8　　13. 兵三进一　••••••••••

　　红方进三兵的目的是在黑方车 2 平 7 后,车九平八抢出左车。这里除了此着,也别无其他好棋可走。

　　13. •••••••••　马 8 进 9　　14. 车三平四　车 2 平 7

　　15. 车九平八　炮 2 进 2　　16. 车八进四　炮 2 平 3

　　17. 炮七进三　卒 3 进 1　　18. 马三进四　车 7 进 2

　　19. 马四进五　车 7 平 9

　　黑方平车吃边兵,捎带捉相,是细腻的走法。如改走车 7 平 5,则马五退四,黑方中车不敢轻易离位。

20.车八平六　车4进5　　21.马五退六　马3进4

22.车四退一　车9退2　　23.炮五平六　车9平6

24.马六进四　马9进7　　25.兵五进一　卒9进1

26.相一进三　卒9进1　　27.马四进六　炮6退1

双方大体均势。

## 第74局　黑左横车对红进边马（二）

1.炮二平五　马2进3　　2.马二进三　炮8平6

3.车一平二　马8进7　　4.兵三进一　车9进1

5.马八进九　车9平4　　6.炮八平七　车4进4

黑如改走车4进6,红则炮七进四;炮6平4,仕四进五;车4退2,车二进六;象3进5,车九平八;车1平2,炮五平七,红方先手。

7.车九平八　车1平2　　8.车八进六（图74）••••••••••

如图74形势下,黑方有两种走法:士4进5和车4平7。现分述如下。

**第一种走法:士4进5**

8.•••••••••　士4进5

黑方补士,巩固中防。

9.相三进一　•••••••••

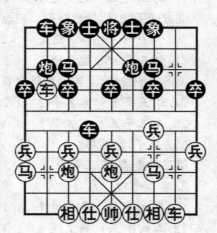

图74

红方飞相保兵,正着。如改走车二进六,则车4平7;马三进二,卒3进1;车八退五,炮6平5;炮七退一,炮5进4;炮七平五,炮5平8;马二进一,马7进9;车二退三,马9进7;车二平五,车7进4;后炮平三,象3进5;炮三进五,车7平8;车五平三,炮2进2;车三进一,卒3进1;炮五进五,象7进5;车三进一,炮2平5,黑优。

9.•••••••••　炮2平1　　10.车八进三　马3退2

11.仕四进五　炮6平3

黑方炮6平3调整阵形,着法细腻。

12.车二平四　•••••••••

红如改走车二进五,黑则卒3进1,黑方不难走。

12. ………… 象3进5　　13. 车四进四　车4平6

14. 马三进四　卒3进1

再兑一车之后,局势趋于平稳。黑方进卒略嫌缓,不如改走炮1进4打兵好。

15. 兵九进一　炮1进3　　16. 炮五平三　炮1进1

17. 炮三进四　炮1平5　　18. 帅五平四　卒5进1

19. 马四进六　炮5平6　　20. 马九进八　炮6退2

21. 兵三进一　炮6平4　　22. 马八进六　马7进5

23. 兵三平四

红方先手。

**第二种走法:车4平7**

8. ………… 车4平7　　9. 相三进一　车7进1

10. 兵七进一　象3进5　　11. 马九进七　…………

红如改走车二进八,黑则士4进5;车二平三,炮2平1;车八平七,车2进2;车七平九,马3进4;兵七进一,马4进6;车三退一,马6进8;马三退二,马8进7;马二进四,炮6进1;车九平五,车2进6;车五平四,炮1平7;炮七退一,车7平6;车四平三,车6进2;炮五退一,红优。

11. ………… 炮2平1　　12. 车八平七　车2进6

13. 马七进五　车7平6　　14. 马五进六　车2退5

15. 兵七进一　炮1退2　　16. 兵七平八　车2平4

17. 炮五平六　炮1平3　　18. 炮六进六　炮3进3

19. 相七进五　卒7进1　　20. 兵八进一　炮3进1

21. 兵八进一　马7进6　　22. 炮六平四

红方胜势。

# 第75局　红缓开车对黑左横车

1. 炮二平五　马2进3　　2. 马二进三　炮8平6

3. 兵三进一　车9进1　　4. 马八进九　车9平4

5. 炮八平七(图75)　…………

如图75形势下,黑方有两种走法:车1平2和车4进4。现分述如下。

**第一种走法:车1平2**

5. ………… 车1平2

6. 车九平八　炮2进4

7. 车一进一　　…………

红方起横车,是寻求变化的走法。

7. …………　士4进5

8. 车一平四　车4进3

9. 车四进三　卒7进1

10. 兵九进一　炮2退2

11. 车八进四　象3进5

12. 仕四进五　马8进7

13. 车四进二　马7进8

14. 车四平二　卒7进1

15. 车八平三　炮2进4

16. 炮五平四　　…………

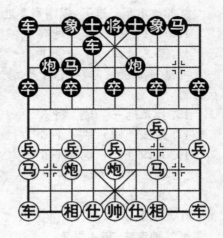

图75

红方卸炮调整阵形,是灵活的走法。

16. …………　车2进4

17. 相三进五　车4平7

18. 车三进一　车2平7

19. 马三进四　炮6进5

20. 炮七平四　马8进7

双方大体均势。

### 第二种走法:车4进4

5. …………　车4进4　　6. 相三进一　…………

红方飞边相保兵,正着。如改走车九平八,则车1平2;仕四进五,士4进5;炮五平四,车4平7;相三进五,车7平4;车一平二,马8进9;车八进六,炮2平1;车八平七,象3进5;车二进四,车4平8;马三进二,车2进4,黑方可以抗衡。

6. …………　士4进5　　7. 仕四进五　车1平2

8. 车九平八　炮2进4　　9. 车一平四　象3进5

10. 兵九进一　卒3进1　　11. 车四进四　车4平6

12. 马三进四　炮2平5　　13. 车八进九　马3退2

14. 马四进五　炮5退2　　15. 马九进八　马2进4

16. 马八退六　炮5进1　　17. 马五退四　炮6进2

18. 炮七平九

红方残局易走。

**小结:**中炮进三兵对反宫马左横车,红方第5回合炮八进四威胁黑方中路,是针对反宫马左横车的有效攻击手段;黑方挺3卒活通右马,是改进后的走法。红方第5回合兵七进一,形成两头蛇阵势,然后再炮五平四卸中炮调整阵形,这样较易掌握先手。红方第5回合马八进九左马屯边,是稳健的着法。

# 第六章　中炮进三兵先锋马对反宫马

中炮进三兵先锋马对反宫马,就是使三路马跃至河口,占据要津,并伺机马踏中卒来夺取优势。黑方则阵形平稳,右车出动速度较快。借子力出动速度快的优势,弥补少卒的弱点,是黑方着棋的关键所在。本章列举了5局典型局例,分别介绍这一布局中双方的攻防变化。

## 第一节　黑飞左象变例

### 第76局　黑飞左象对红平炮邀兑(一)

1.炮二平五　马2进3　　2.马二进三　炮8平6

3.车一平二　马8进7　　4.兵三进一　卒3进1

5.马三进四　…………

红方进马谋中卒,含有出其不意之举。

5.…………　士6进5

黑方补左士固防,意图是在红马夺中卒后有补中炮反击的手段。

6.马八进七　象7进5　　7.炮五平四　…………

红方平炮邀兑,消除黑方炮胁底仕的谋子手段,并保护河口马,使之占据有利位置。如改走仕四进五,则车1进1;炮八平九,车1平4;车九平八,车4进4;车八进七,车4平6;炮九进四,卒3进1;炮五平四,卒3进1;炮四进五,马3进4;车八退二,马4进2;马七退八,士5进6;车二进七,车9平7;相七进五,士6退5;马八进六,马2进4;车八平六,马4进3;车六进三,车6退1;兵五进一,车6进2;炮九平七,马3退2;相五进七,卒3平4;炮七进一,马7退6;车二退五,卒7进1;车二平八,卒4进1,黑方优。

7.…………　炮6退2

黑方退底炮,正着。除此之外,还有两种走法:

①炮6进5,炮八平四;马3进2,相七进五,红方易走。

②马3进2,炮八进五(如炮四进五,则炮2平6;马四进五,炮6进1;马五退六,马2进3,黑方反先);炮6平2,相七进五;车1进1,仕六进五;车1平4,

兵七进一;卒3进1,相五进七,红方稍好。

8.仕六进五　炮2平1

黑方平边炮,准备抢出右车。如改走炮6平7,则车二进七;车9平8,车二平三;马3进4,车三进二,象5退7,马四进六,黑方失子。

9.车九平八　车1平2　　10.炮八进六　炮6进7

11.仕五进四　车9平6　　12.马四进三　车6进7

13.相三进五　马3进4(图76)

如图76形势下,红方有两种走法:马三进一和仕四进五。现分述如下。

**第一种走法:马三进一**

14.马三进一　⋯⋯⋯⋯

经过以上一段交换,黑虽赚得一仕,但红马奔袭卧槽占势。对比之下,红方稍占优势。

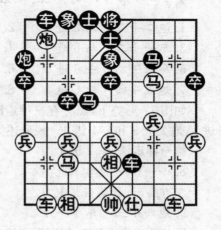

图76

14.⋯⋯⋯⋯　马4退6

黑如改走士5退6,红则车二进八,红方占势易走。

15.兵三进一　马7退6

16.炮八退一　炮1退1

17.兵三进一　马6退7

18.马一进二　车2进1

19.仕四进五　车6退2　　20.相七进九　⋯⋯⋯⋯

红方飞边相,准备兑七兵活通左马,走得十分从容。

20.⋯⋯⋯⋯　士5进4　　21.兵七进一　卒3进1

22.相九进七　马7退9　　23.炮八退三　车6退3

24.车八平六　车2进1　　25.车六进六　炮1平8

26.炮八进二　马9进8　　27.炮八平五　士4进5

28.车二平三

红方优势。

**第二种走法:仕四进五**

14.仕四进五　⋯⋯⋯⋯

红方补仕捉车,进一步加固阵势,为以后发动攻势时无后顾之忧做好准备,着法老练。

14. ………… 车6退4　　15. 马三进一　士5退6

16. 炮八平二　车2进9　　17. 马一进三　车6退2

18. 炮二平四　车2退8　　19. 炮四平六　将5进1

20. 炮六退一

红方占优势。

## 第77局　黑飞左象对红平炮邀兑（二）

1. 炮二平五　马2进3　　2. 马二进三　炮8平6

3. 车一平二　马8进7　　4. 兵三进一　卒3进1

5. 马三进四　士6进5　　6. 马八进七　象7进5

7. 炮五平四　炮6退2　　8. 仕六进五（图77）…………

如图77形势下,黑方有三种走法:车1进1、炮2进3和卒7进1。现分述如下。

**第一种走法:车1进1**

8. ………… 车1进1

黑方高车,开动右翼主力。

9. 炮四平三　车1平4

黑如改走卒7进1,红则兵三进一;象5进7,炮八进四;马7进6,炮八平七;象7退5,马四进六,红方占先手。

10. 马四进三　…………

红如改走相七进五,黑则卒7进1;兵三进一,象5进7;炮八平九,马7进6;车九平八,炮2进2;车八进四,炮6进5;车八平四,马6进4,双方均势。

10. ………… 车9平8

11. 车二进九　马7退8

12. 相七进五　炮6进6

双方均势。

**第二种走法:炮2进3**

8. ………… 炮2进3

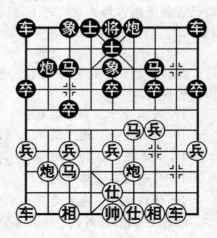

图77

黑炮骑河,准备威胁红方盘河马,这是常用的战术手段。

9.马四进三 ···········

红如改走车二进七,黑则炮2平7;马四进三,车9平7;相七进五,炮7退1,黑方满意。

9.··········· 炮6平7 10.炮四平三 炮7进3

黑方以炮兑马,造成红方左翼马、炮不协调,是比较简明的走法。

11.炮三进四 马3进4

黑方满意。

**第三种走法:卒7进1**

8.··········· 卒7进1

黑方卒7进1兑卒活通左马,是改进后的走法。

9.兵三进一 象5进7 10.车二进六 ···········

红方挥车过河,压制黑方左翼子力。

10.··········· 炮2进1

黑方进炮驱车,不让红车占据卒林要道,是刻不容缓之着。

11.车二进一 车9进2

黑方满意。

## 第78局 黑飞左象对红马退窝心

1.炮二平五 马2进3 2.马二进三 炮8平6

3.车一平二 马8进7 4.兵三进一 卒3进1

5.马三进四 士6进5 6.马八进七 象7进5

7.马七退五 ···········

红方马退窝心,准备迂回而出,使双马连环,保持河口马的威力。

7.··········· 车1进1

黑方高横车开动右翼主力,正着。

8.马五进三 车1平4

9.仕六进五 炮2进2(图78)

黑方升巡河炮,准备兑7卒活通左马,是改进后的走法。以往多走车4进4,则相七进九;卒7进1,兵三进一;象5进7,炮八平六;马7进6,车九平八;炮2进2,炮六退二,红方易走。

如图78形势下,红方有两种走法:马四进三和马四进五。现分述如下。

**第一种走法：马四进三**

10.马四进三　车4进4

11.相三进一　炮2退1

黑方退炮打马，是力争主动的走法。

12.前马退四　马7进6

13.炮五平四　马3进4

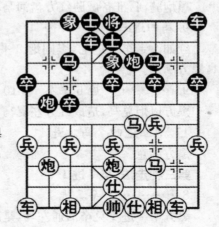

黑如改走炮6进3，红则炮四进三；车4退1，炮四平二(如炮八平四，则炮6平2)；炮6退2，也是黑方易走。

14.马四进六　炮6进5

15.马六退四　炮6退1

16.相七进五　炮6平7

17.兵三进一　象5进7

18.马四进二　炮7平3　　19.炮八平七　车4平2

黑方子力灵活，且多卒占优。

**第二种走法：马四进五**

10.马四进五　马3进5　　11.炮五进四　卒7进1

12.兵三进一　炮2平7　　13.相七进五　炮6进6

黑如改走车9平8，红则车二进九；马7退8，车九平六，车4进8，帅五平六；炮7进2，兵五进一，红优。

14.炮五退二　炮7进2

双方均势。

# 第二节　红卸炮瞄马变例

# 第79局　黑飞左象对红进马踩卒

1.炮二平五　马2进3　　2.马二进三　炮8平6

3.车一平二　马8进7　　4.兵三进一　卒3进1

5.马三进四　士6进5　　6.炮五平三　…………

红方卸炮瞄马，是新的尝试。

6.…………　象7进5

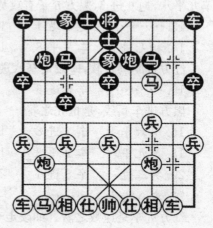

**图 79**

**7. 马四进三(图 79)** ···········

红方进马踩卒，正着。否则黑方有炮6进7，帅五平四，车9平6得回一子并破仕的手段。

如图 79 形势下，黑方有两种走法：炮2平1和马3进4。现分述如下。

**第一种走法：炮2平1**

**7. ··········　炮2平1**

黑方平边炮，准备开出右车。

**8. 炮八平四　车1平2**

**9. 马八进七　马3进4**

**10. 车九进一** ··········

红方高横车，开动左翼主力。如改走马三进五，则象3进5；炮三进五，炮6进7；帅五平四，炮1平7，黑方多士，占优。

**10. ··········　炮1平4**　　**11. 车二进八　炮6进4**

**12. 车二平四　炮6平3**

黑方亦可改走炮6平7，红如相七进五，黑则炮7退3；炮三进四，车9平8。

**13. 相七进五　车9平8**

黑方应以改走炮3平9为宜。

**14. 车四退三　马4退3**　　**15. 车九平六　车2进6**

黑应改走炮3平2，红如车六进五，黑则马3进2，这样较为积极多变。

**16. 车六进五　车2退2**　　**17. 兵三进一**

红方易走。

**第二种走法：马3进4**

**7. ··········　马3进4**

黑方跃马弃象，是求变之着。

**8. 马三进五　象3进5**　　**9. 炮三进五　炮2进4**

黑方进炮，准备采用弃子争先的战术来与红方对抗，是不甘落后的走法。

**10. 车二进五　炮2平5**　　**11. 车二平六** ··········

红方平车吃马，接受挑战。

**11. ··········　车1平2**　　**12. 炮三平五** ··········

红方弃炮打象缓解中路压力,是可走之着。如改走马八进七,则炮5退2;车九平八,炮6进3,黑方弃子有攻势。

12.………… 炮5退4　　13.炮八平五　炮5进5

14.相七进五　车9平8　　15.马八进六　…………

红方进肋马嫌软,应改走马八进七,这样变化较多。

15.………… 车8进6

黑方进车兵线,是抢先之着。

16.车六平七　车2进8　　17.车七平六　车8平6

18.车九平八　车2平3　　19.仕六进五　卒5进1

20.兵三进一　卒5进1　　21.兵三进一　炮6平4

22.车八进七　…………

红方进车是速败之着。如改走车六退三,则炮4进6,也是红方难应对。

22.………… 车3进1　　23.仕五退六　车3平4

24.帅五进一　车6进3

黑方胜势。

# 第三节　其他变例

## 第80局　红跃马河口对黑补左士

1.炮二平五　马2进3　　2.马二进三　炮8平6

3.车一平二　马8进7　　4.兵三进一　卒3进1

5.马三进四　士6进5(图80)

如图80形势,红方有两种走法:马四进五和车二进六。现分述如下。

**第一种走法:马四进五**

6.马四进五　…………

红方马踏中卒,是谋取实利的走法。

6.………… 马3进5

7.炮五进四　象7进5

黑方飞象固防,正着。如改走炮2平5,则炮八平三;车1平2,马八进七;车2进6,仕六进五;炮6退2,炮五退一;马7进5,兵五进一;车2平3,相七进五;卒3进1,车九平六,红方先手。

8.炮五退二 ············

　　红如改走炮八平三，黑则车1平2（如炮2平3，则马八进九；卒1进1，车九平八；炮6进6，车八进六，马7进5，车八平五；车1平2，仕四进五，红优）；马八进七，炮2平3；相七进五，炮6进5；炮五退二，车2进6；仕六进五，炮6平3；炮三平七，车2平3，黑方反占先手。

　　8.············　　炮2平3

　　9.马八进九　　车1平2

　　10.车九平八　卒3进1

　　11.兵七进一 ············

　　红如改走炮八进四，黑则卒3平4；炮八平七，炮3平2；炮五进一，炮2进4，黑方占优。

　　11.············　车2进6　　12.车二进三　炮3进7

黑方炮打底相，是力争主动的走法。

　　13.车八平七 ············

　　红如改走仕六进五，黑则炮3退2，黑方占优。

　　13.············　车2进1　　14.马九退八　卒7进1

　　15.兵三进一　车2平7　　16.相三进五　车7退3

　　17.车七进一　马7进6　　18.车七平二　马6进7

　　19.后车进一 ············

　　红如改走前车进六，黑则炮6退2；前车平一，马7进8；仕六进五，车7平9，黑优。

　　19.············　车9平6

黑方略优。

**第二种走法：车二进六**

　　6.车二进六　炮2进1

黑方升炮扼守兵线，正着。否则让红车轻松吃卒压马，黑方被动。

　　7.车二退二　象7进5　　8.马四进五　马3进5

　　9.炮五进四　炮6进3

黑方进炮骑河打车，是取势的紧要之着。如改走炮6退2，则炮八平五；车

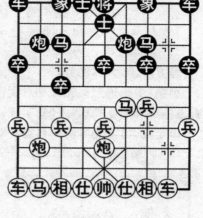

图80

1平2,马八进七;炮2平3,车九平八;车2进9,马七退八;卒9进1,炮五平九,红优。

10.兵三进一　马7进5　　11.炮八平五　炮2进2

12.车二进二　马5进7

黑方多子,大占优势。

**小结:**中炮进三兵先锋马对反宫马,红方右马疾进夺取中卒,是为了先取实利,再调整阵形。如这一计划实现,当可取得乐观的阵势。但这种攻法,红方各子过早定位,可使黑方防御具有针对性。

# 实战对局选例

## 第1局
### 河北黄勇（先负）上海胡荣华
#### （1984年5月18日于武汉）
#### 第3届"三楚杯"名手邀请赛

1. 炮二平五　马2进3　　2. 马二进三　炮8平6
3. 车一平二　马8进7　　4. 兵三进一　卒3进1
5. 马八进九　象7进5　　6. 炮八平六　…………

形成五六炮进三兵对反宫马飞左象的布局阵势。红方现在一般多走炮八平七，更具攻击力。

6. …………　车1平2　　7. 车九平八　炮2进4

黑方进炮封车，力争主动的走法。如改走马8进7，则双方另有不同的攻守变化。

8. 马九退七　炮2退1　　9. 车二进六　车9平7

此时黑方一般多走士6进5，平车象位是胡荣华的新尝试。

10. 马三进四　士6进5　　11. 车二平三　炮6进7

黑方挥炮打仕，挑起激烈的争斗。如改走卒3进1，则兵七进一，炮2平6，车八进九，马3退2，炮五进四，红方虽少一子，但多三兵占势易走。

12. 帅五平四　炮2退2　　13. 炮六进四　卒5进1
14. 炮六进一　炮2平6　　15. 车三平四　车2进9
16. 炮六平三　车2平3

黑方平车吃相，把局势引向复杂化，正确的选择。如改走车7进2，则炮五进三，车2平3，马七进五，车7退2，马四进三，红方胜势。

17. 炮三平七　…………

黑方以双马双炮换取红方一车单仕相，搏杀之猛烈却是实战对局中少见的。

17.·········· 车 3 平 4

只好吃仕求变,如改走车 3 退 1 吃马,则马四进三,红方保住单仕,不受攻杀之险,则黑方仅有双车,难与红方车马双炮抗衡。

18.马七退五 ··········

红方退马失策,应改走炮五退二为宜,以下黑方有两种走法:①车 7 进 5,相三进一,车 7 平 8,马四退六,车 8 进 4,帅四进一,车 4 退 1,炮五进一,车 8 退 1,帅四退一,车 4 退 1,炮七退一,车 4 平 7(如车 8 平 5,则炮七平六,黑方失车),炮五退一,红方胜势。②车 7 平 6,车四进三,将 5 平 6,马七进五,车 4 退 7,炮七平五,象 3 进 5,兵五进一,车 4 进 4,炮五进一,卒 5 进 1,炮五进三,车 4 平 9,帅四平五,红方优势。

18.·········· 车 7 进 5

19.相三进一(图1) 车 7 进 1

如图 1 形势,黑方进车催杀,紧凑有力,是取胜的要着!如误走车 7 平 8,则马四退三,车 8 退 1,炮七退一,红有反击之势。

20.马四进三 车 7 平 8

21.炮五平三 ··········

红方平炮解杀,无奈。如改走马三进一,则士 5 进 6,马一进三,将 5 进 1,车四进一,将 5 平 4,黑亦胜势。

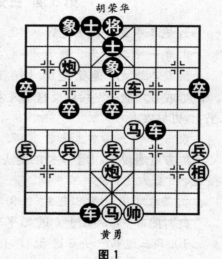

胡荣华

黄勇

图1

21.·········· 车 8 进 1

22.炮三退一 车 8 平 5

23.炮三退一 车 5 平 9

黑方几个顿挫,把红炮逼到底线,并乘势再吃一相后伏有车 9 平 7 捉炮攻杀的手段,已是胜利在望。

24.马三退二 车 9 进 2      25.车四平三 车 9 退 3

26.车三平二 车 9 平 7      27.炮三进二 车 7 平 8

28.炮三平五 车 8 进 3      29.帅四进一 车 4 退 1

30.炮五退一 车 8 退 1

以下红方无论是帅四进一或帅四退一,则车 4 平 5,均为黑胜。

# 第2局
## 吉林李轩(先负)上海林宏敏

### (1997年5月14日于上海)

### 全国象棋团体赛

1. 炮二平五　马2进3　　2. 马二进三　炮8平6

3. 兵三进一　卒3进1　　4. 马八进九　象7进5

5. 炮八平六　车1平2　　6. 车九平八　炮2进4

7. 车一进一　...........

红方高右横车,不落俗套的走法。如改走车一平二,则马8进7,演成流行的变例。

　7. ...........　车9进1

黑方如改走马8进7,则兵七进一,卒3进1,车一平七,炮2退5,车七进三,炮2平3,炮五进四,马3进5,车八进九,马5退3,车八退五,炮3进4,车八平七,红方多兵占先。

8. 车一平四　炮6平7

黑方平7路炮,灵活的走法。如改走车9平6,则兵九进一,炮6平7,车四平二,车6平4,仕四进五,马8进6,车二平四,红方主动。

9. 仕四进五　车9平8　　10. 车四进三　卒7进1

黑方兑卒,巧着。红如接走兵三进一,则炮7进5,炮六平三,车8进8,车四退四,象5进7,黑方反先。

11. 兵七进一　炮7进3

黑方进炮打兵,寻隙展开反击,是反夺主动的巧妙之着。红如接走相三进一,则炮7平3,黑方多卒占优。

12. 兵七进一　炮7进4

黑方进炮打相,是进炮打兵的后续手段;也是取势的紧要之着。如改走象5进3,则相三进一,炮7进1,兵五进一,红方易走。

13. 兵七进一　卒7进1　　14. 车四进二　卒7进1

15. 兵七进一　士6进5　　16. 帅五平四　炮7平9

17. 马九进七　车2进5　　18. 兵五进一　...........

红方冲中兵,防止黑车左移,逼走之着。如误走马七进六,则车8进8,帅四进一,炮2进2,红方难以应付。

18.………… 马8进6　19.马三进五　车8进8

20.帅四进一　马6进8　21.车四退一　马8进7

22.马五进三　车8退6

黑方退车保卒,攻不忘守;老练的走法。

23.帅四退一　炮9平7

24.马七进六(图2)　炮2平9

如图2形势,黑方平炮打兵舍弃大车,算准车双炮卒可在对攻中抢先入局,实战中弈来甚是精彩好看!

25.车八进四　…………

红方如改走马三退一,则车2进4,黑亦优势。

25.………… 炮9进3

26.帅四进一　车8进5

27.帅四进一　炮7退2

黑方献炮催杀,一击中的! 令红方顿感难以应付。

28.炮五平三　炮9退2

29.炮三退一　卒7进1

30.帅四退一　卒7进1

红如接走帅四进一(如帅四退一,则车8进1杀),则车8退1,黑胜。

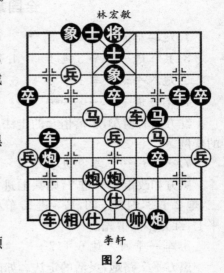

林宏敏

李轩

图2

# 第3局

## 广东吕钦(先胜)大连卜凤波

### (2000年6月16日于山东淄博)

"嘉周杯"象棋特级大师邀请赛

1.炮二平五　马2进3　2.马二进三　炮8平6

3.兵三进一　卒3进1　4.马八进九　象7进5

5.炮八平六　车1平2　6.车九平八　炮2进4

7.车一进一　车9进1　8.车一平四　炮6平7

9.兵九进一　车9平6

黑方平车邀兑,自阻马路;不如改走车9平8,红如接走车四进三,则车8平6,车四平八,车2进5,马九进八,炮2平1,要比实战走法为好。

10.车四平二　车6平4　　11.仕四进五　马8进6

12.车二平四　马6退8　　13.车四平二　马8进6

14.车二进七　炮2退5　　15.马三进四　炮7平6

黑方如改走车4进6,则车二平四,车4退2(如士6进5,则车八进八,黑方丢子),马四进五,红方大占优势。

16.炮五进四　…………

红方炮打中卒,简明有力之着。如改走马四进五,则车4进2,车二平四,士6进5,红方反而麻烦。

16.…………　马3进5

17.马四进五　炮2进5

18.炮六平五　车2进4

19.马五退七　…………

红方退马踩卒,逼迫黑方交换子力,紧凑有力之着。

19.…………　车2平3

20.车八进三　车3平6

21.兵五进一　炮6平9(图3)

22.兵五进一　…………

如图3形势,红冲中兵欺车,可谓一击中的!令黑方顿感进退维谷。

22.…………　车6平5

23.车八进二

以下黑如逃车,则车八平四,提死黑马,红方多子胜定。

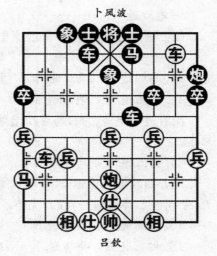

卜凤波

吕钦

图3

## 第4局
## 广东吕钦（先胜）四川蒋全胜

### （1996年5月20日于成都）

### 全国象棋团体赛

1. 炮二平五　马2进3　　2. 马二进三　炮8平6

3. 兵三进一　卒3进1　　4. 马八进九　象7进5

5. 炮八平六　车1平2　　6. 车九平八　马8进7

7. 车八进六　…………

形成五六炮进三兵缓开右车对反宫马的阵势。红方左车过河，是力争主动的走法。如改走车一平二，则炮2进4，黑可抗衡。

7. …………　车9平8　　8. 马三进四　炮6进1

9. 炮六进四　…………

红方进炮邀兑，紧凑。如改走车八退二，则炮6进1，红无便宜可占。

9. …………　炮6平4　　10. 车八平六　车8进4

11. 马四进五　马3进4　　12. 车一进一　士6进5

13. 兵五进一　炮2进5

黑方进炮蹩马，为右马寻找出路。如改走马4退6，则车六平八，也是红方易走。

14. 兵五进一　马4进3　　15. 兵五进一　车2进2

黑方如改走马3退5，则车六平九，马5进6，车一平四，车8进4，炮五进五，象3进5，车四进一，红方优势。

16. 兵五进一　象3进5　　17. 车一平四　马3进5

18. 相七进五　卒1进1　　19. 车四进二　马7退6

20. 仕六进五　卒9进1　　21. 车四平五　卒3进1

22. 相五进七　炮2进2　　23. 马九退八　车2进7

24. 仕五退六　车2退5　　25. 相七退五（图4）　车2平4

如图4形势，黑方平车邀兑，授人以隙，导致速败。应以改走象5退7坚守为宜。

26. 马三进一　…………

红方马入边陲催杀，精妙！如改走车六退一，则车8平4，马三进五，马6进

5,车五进四,车4进2,车五退二,车4平9,车五平九,卒9进1,兵三进一,红仍可获胜,但要慢得多。

26. ………… 士5进6
27. 马一进三 将5进1
28. 车六平九 车8平5
29. 车五进二 车4平5
30. 车九平四 …………

红方平车破士,是马入边陲的后续手段。

30. ………… 马6进4
31. 车四进一 马4进3
32. 马三退四 将5平4
33. 车四进一 士4进5
34. 车四平五 将4退1
35. 仕四进五 …………

红方补仕,稳健。如改走马四进二,则车5平4,仕四进五,车4退3,车五平六,将4进1,马二退一,红亦胜定。

35. ………… 车5平6   36. 马四进二 车6平4
37. 车五平七 马3进4   38. 车七退一 马4退6
39. 马二退一

红胜。

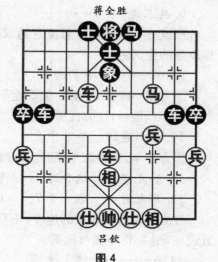

蒋全胜

吕钦

图4

# 第5局
## 广东许银川(先胜)河北阎文清
### (1993年8月14日于青岛)

**全国象棋个人赛**

1. 炮二平五 马2进3   2. 马二进三 炮8平6
3. 车一平二 马8进7   4. 兵三进一 卒3进1
5. 马八进九 象7进5   6. 炮八平七 车1平2
7. 车九平八 炮2进4   8. 兵七进一 卒3进1

**9.兵三进一** ··········

形成五七炮进三兵对反宫马双弃兵的阵势。这是一个对攻非常激烈而且很复杂的变例。

9.·········· 卒 7 进 1

黑方挺卒吃兵,正确。如改走车 9 平 8,则兵三进一,车 8 进 9,马三退二,马 7 退 8,车八进一,红方优势。

**10.车二进四 卒 3 平 2**

黑方平卒,暂避红车锋芒。如改走炮 2 平 3,则双方另有复杂攻守。

**11.兵九进一 炮 6 进 4** **12.车二平八 车 2 进 5**

**13.马九进八 炮 6 平 7** **14.马八进七** ··········

红方进马争取对攻的速度,正常的选择。如改走相三进一,则马 3 进 2,兵五进一,炮 2 平 6,黑可抗衡。

14.·········· 炮 7 进 3

黑方炮轰底相,实战效果不佳。应改走象 5 进 3,相三进一,车 9 进 1,双方互缠。

**15.仕四进五 炮 2 平 3** **16.马七进五 象 3 进 5**

黑方如改走炮 3 进 3,则车八平七,象 3 进 5,炮七平九,马 3 退 2,车七平八,马 2 进 4(如车 9 平 8,则车八进九,炮 7 平 9,仕五进四,卒 7 进 1,车八退二,将 5 进 1,车八进一,将 5 退 1,车八平三,车 8 进 2,炮九进一,红方多子占优),炮九进四,车 9 平 8,炮九进三,将 5 进 1,马三进四,对攻中红方占先。

**17.炮七进五(图 5) 车 9 平 8**

如图 5 形势,黑方亮车弃马,准备使用弃子抢先的战术来与红方抗衡。如改走象 5 退 3,则车八进三,炮 3 进 2,马三进四,车 9 平 8,马四进五,马 7 进 5(如士 6 进 5,则马五进三,炮 7 退 7,炮五平七,车 8 进 7,车八退一,红方得子),炮五进四,车 8 进 3,车八进三,将 5 进 1,车八进二,将 5 退 1,炮五退一,炮 3 退 4,车八平四,红方占优。

**18.车八进三 炮 3 进 2**

黑方如改走炮 3 退 2,则炮七平三,炮 7 平 9,仕五进六,卒 7 进 1(如炮 3 进 4,则

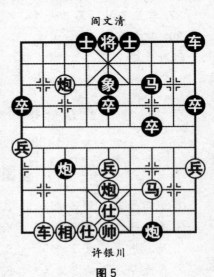

阎文清

许银川

**图5**

马三进四,炮3平8,炮五进四,士6进5,炮三退一,黑难应付),炮五进四,士6进5,炮五平三,炮3平8(如车8进9,则帅五进一,车8退6,车八进三,炮9平3,炮三退三,炮3进3,车八平四,红方占势易走),帅五进一,也是红方多子占优。

19.炮七平三　炮7平9　　20.车八平七　车8进9

21.马三退四　车8退6　　22.马四进三　炮3平4

23.炮五平八　车8进6　　24.马三退四　车8退7

25.马四进三　⋯⋯⋯⋯⋯

红方也可改走马四进五,黑如车8平7,则炮八进七,士4进5,车七进六,炮4退8,车七退三,炮4进2,马五进七,红方优势。

25.⋯⋯⋯⋯⋯　卒7进1　　26.炮八进七　将5进1

黑方如改走士4进5,仍属红方优势,试演如下:车七进六,炮4退8,车七退五,炮4进5,炮三退一(如误走车七平六,则卒7进1,车六退二,车8平7,黑有攻势),卒1进1(如车8进7,则马三退四,车8退6,马四进五,车8平7,马五退三,红方多子占优),车七平六,卒7进1,车六退二,车8进5(如车8进7,则马三退四,车8退6,马四进五,卒7进1,红方优势),炮三退二,红方多子占优。

27.车七进五　炮4退7　　28.炮三进一　车8进7

29.仕五退四　车8退8　　30.帅五进一　车8平7

黑方如改走车8进7,则帅五进一,炮9退2,马三进二,车8退3,炮三平六,红方多子胜势。

31.帅五平六　将5平6　　32.车七平六　士6进5

33.车六退三　车7进2　　34.车六平四　士5进6

35.车四平二　士4进5　　36.兵五进一　⋯⋯⋯⋯⋯

红方冲中兵,不如改走炮八退七紧凑,黑如卒7进1,则车二退五,卒7进1,车二平一,车7进3,车一进二,红可取得简明的胜势。

36.⋯⋯⋯⋯⋯　车7平6　　37.马三进五　车6退3

38.马五进七　车6平2　　39.兵五进一　车2进2

黑方应改走车2退1,红如马七退五(如相七进九,则卒7进1,车二退三,车2进3,帅六进一,卒5进1,炮八退三,士5进4,车二进六,将6退1,车二平八,车2平6,黑有攻势),则车2平4,帅六平五,车4平5,车二退二,车5退1,炮八退七,红方虽然多子占优,但黑方要比实战走法为好。

40.帅六进一　车2退3　　41.相七进九　卒7进1

42. 兵五进一　卒7进1　　43. 仕六进五　车2进3

44. 炮八退七　………

红方退炮及时回防,粉碎了黑方的反击计划,红方多子稳操胜券。

44. ………　炮9退2　　45. 仕五进四　象5进3

46. 兵五平四　士5进4　　47. 帅六平五　士6退5

黑方如改走卒7平6(如车2平6,则兵四进一杀),则帅五平四,炮9平2,兵四进一,将6平5,车二进三,将5退1,马七进五,红方胜定。

48. 炮八进六　车2退7　　49. 兵四进一

以下黑方势必士5进6,车二进三,红方得车胜定。

# 第6局
# 越南阮成保(先胜)菲律宾庄宏明

## (2012年9月21日于广东凤岗)

### 第五届"杨官璘杯"全国象棋公开赛

1. 炮二平五　马2进3　　2. 马二进三　炮8平6

3. 车一平二　马8进7　　4. 兵三进一　卒3进1

5. 马八进九　象7进5　　6. 炮八平七　车1平2

7. 车九平八　炮2进4　　8. 兵七进一　卒3进1

9. 兵三进一　卒7进1　　10. 车二进四　卒3平2

11. 兵九进一　炮6进4　　12. 车二平八　车2进5

13. 马九进八　炮6平7　　14. 马八进七　炮7进3

15. 仕四进五　炮2平3　　16. 马七进五　象3进5

17. 炮七进五　车9平8　　18. 车八进三　炮3退2

黑方炮3退2,新的尝试。

19. 炮七平三　炮7平9　　20. 仕五进六　卒7进1

21. 兵五进一　………

红方冲起中兵,攻守兼备。

21. ………　车8进9　　22. 帅五进一　车8退1

23. 帅五退一　炮3进4

黑方3路炮进红方下二路欲成典型的"夹车炮"攻势,是黑方重要的攻击手段,不过此时棋差一着。

24. 炮五进四　士6进5(图6)

25. 炮三退一　…………

如图6形势,红方炮打中卒再炮三退一伏有炮三平九叫杀手段,恰好可捷足先登。

25. …………　炮3平7

26. 炮三平九　炮7进1

27. 马三退二　炮7退2

黑方如改走炮7退1,则帅五进一,炮7退1,马二进四,炮7进1,马四进三,炮7退1,帅五进一,红胜。

28. 马二进四　车8进1

29. 帅五进一　炮7进1

30. 马四进三　炮9退1

31. 马三退二

红胜。

庄宏明

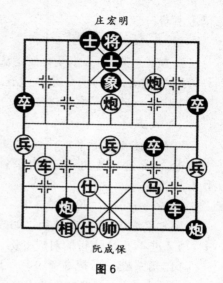

阮成保

图6

# 第7局

## 广东许银川(先负)黑龙江赵国荣

### (1999年1月13日于广州)

### 第19届"五羊杯"冠军赛

1. 炮二平五　马2进3　　2. 马二进三　炮8平6

3. 车一平二　马8进7　　4. 兵三进一　卒3进1

5. 马八进九　象7进5　　6. 炮八平七　车1平2

7. 车九平八　炮2进4　　8. 兵七进一　…………

形成五七炮进三兵对反宫马飞左象的阵势。红方弃兵演成复杂的对攻局面,如改走兵九进一,则士6进5,兵五进一,车9平6,炮五平四,车6平8,车二进九,马7退8,车八进一,红方仍持先行之利。

8. …………　卒3进1　　9. 兵三进一　卒7进1

10. 车二进四　炮2平3

黑方平炮兑车,是这一变例中的常见应法。如改走卒3平2,则兵九进一,炮6进4,车二平八,车2进5,马九进八,炮6平7,马八进七,对攻中仍是红方稍占主动。

11.车八平九 …………

红方平车避兑,寻求变化的走法。一般多走车八进九,炮3进3,仕六进五,马3退2,炮五进四,士6进5,炮五退一,双方另有复杂攻守变化。

11.………… 炮6进4 12.车二平七 马3进4

13.兵五进一 …………

红方如改走车七平六,则马4进2(如车2进4,则兵五进一,红方易走),马九进七,马2进3,车九进二,炮6平3,车九平七,炮3退2,兵五进一,红方中路伏有攻势。

13.………… 炮6平7

黑方平炮攻相,另辟蹊径。如改走车2进5,则车七平八,马4进2,马九进七,马2进4,形成流行的对攻变例,也是广东队经常采用的变例。

14.相三进一 炮3平9 15.兵五进一 …………

红方弃中兵,寻求对攻的走法。如改走车九平八,则局面相对平稳。

15.………… 马4进5

黑方进马邀兑,正着。如误走卒5进1,则车九平八,车2进9,炮七进七,士4进5,马九退八,红方赚得一象占优。

16.车七平四 马5进3 17.车四退一 炮7平1

18.马九退八 …………

红方如改走马九退七,则车2进8,车四平七,车2平3,兵五进一,马7进5,车九进三,车3进1,仕四进五,马3退1,车七退三,士6进5,也是黑方多卒多象易走。

18.………… 车2进8

19.车九进二(图7) …………

红方应改走车四平七,黑如马3进1,则车七平九,马1退2,仕四进五,马2进3,帅五平四,车2退7,后车进一,马3退5,相七进五,车2进8,兵五进一,马7进5,前车进三,要比实战走法为好。

19.………… 马3进4

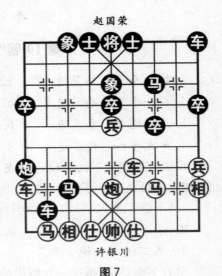

赵国荣

许银川

图7

如图 7 形势,黑方弃马搏仕,巧妙之着! 红方不能帅五平六吃马,否则炮 1 平 2 催杀,黑方大占优势。

20. 炮五进四　马 7 进 5　　21. 车四平九　车 2 进 1
22. 前车平七　马 5 进 3　　23. 帅五平六　马 3 进 5

黑方应改走车 2 进 4 抢占要道,红如接走车九平六,则士 6 进 5,兵五平六,马 3 进 1,更为紧凑有力。

24. 车七进一　马 5 进 7　　25. 相一退三　……………

红方退相,似不如改走车七退一捉马顽强。

25. ……………　车 2 退 3

黑方乘势抢占兵线要道,控制了局面。

26. 车九进四　车 2 平 4　　27. 帅六平五　车 9 平 8
28. 马三退五　车 4 进 2　　29. 车九退三　马 7 进 8
30. 车七平四　……………

红方如改走车九平四,则车 8 进 6,红亦难应。

30. ……………　卒 7 进 1

黑卒乘机过河,黑势更盛。

31. 车四退三　卒 7 进 1　　32. 车九平六　车 4 平 3
33. 车四平三　士 6 进 5　　34. 相三进五　车 8 进 3
35. 车六进二　……………

红方进车,必走之着。

35. ……………　车 3 退 2　　26. 相五退三　车 3 退 1
37. 车六退三　车 8 进 3　　38. 车六平一　卒 9 进 1
39. 车一平七　车 3 平 5　　40. 车七平五　车 5 平 6
41. 马五进七　马 8 退 9

黑方退马再谋一兵,并为卒 7 进 1 助攻打下伏笔。

42. 兵五进一　……………

红方应改走仕四进五,较为顽强。

42. ……………　卒 7 进 1

黑方冲卒捉车,加快了胜利步伐。红车不能吃卒,否则黑方车 8 平 6 叫杀,红要丢车。

43. 车三平一　车 8 进 3　　44. 兵五进一　象 3 进 5

红如接走车一进二(如马七退五,则将 5 平 6),则车 8 平 7,车一退二,车 6

进4,帅五进一,车6平5,黑胜。

# 第8局
## 广东许银川(先胜)上海林宏敏
### (1997年11月29日于广州)
### 第5届"嘉宝杯"沪粤对抗赛

1. 炮二平五　马2进3　　2. 马二进三　炮8平6
3. 车一平二　马8进7　　4. 兵三进一　卒3进1
5. 马八进九　象7进5　　6. 炮八平七　车1平2
7. 车九平八　炮2进4　　8. 兵七进一　卒3进1
9. 兵三进一　卒7进1　　10. 车二进四　炮2平3
11. 车八平九　炮6进4　　12. 车二平七　马3进4
13. 兵五进一　车2进5

黑方如改走车2进6,则兵五进一,卒5进1,车七平六,红方优势。

14. 车七平八　马4进2　　15. 马九进七　马2进3

黑方也可改走马2进4,红如车九进一,黑则炮6平3找回一子。

16. 车九进二　炮6进1　　17. 仕四进五　马3进5
18. 车九退一　马5退7

黑方如改走马5退3,则车九平四,炮

6退3,兵五进一,卒5进1,马三进二,卒7

进1,马二进三,红方大占优势。

19. 炮五平三　马7进8
20. 车九平二　车9平8
21. 车二进二　马8退9
22. 车二平四　炮6平3
23. 马七进六　炮3退3
24. 炮三平五　士6进5
25. 炮五进四　车8进3
26. 马六进四　车8退2
27. 炮五退一　车8平6(图8)

黑方如改走炮3退3,则马四进六,炮

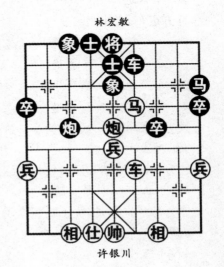

林宏敏

许银川

图8

3平4,帅五平四,车8退1,马六退八,红亦胜势。

28.马四进六　　将5平6

如图8形势,双方虽然子力相当,但红方车马炮占位极佳,已是胜利在望。

29.炮五平四　　车6平8　　30.马六退八　　马9退8

31.兵九进一　　卒7进1　　32.炮四进一　　炮3平7

33.兵五进一　　炮7进5　　34.炮四平三　　卒7平6

35.车四进一　　车8平6　　36.炮三平四

以下黑如逃车,红则平车捉马,再退炮胜定。也可改走炮四平九,车7平6,车四进四,马8进6,炮九平一,红方净多三兵胜定。

# 第9局
# 甘肃钱洪发(先负)上海林宏敏

## (1983年11月15日于昆明)

### 全国象棋个人赛

1.炮二平五　　马2进3　　2.马二进三　　炮8平6

3.车一平二　　马8进7　　4.兵三进一　　卒3进1

5.马八进九　　象7进5　　6.炮八平七　　车1平2

7.车九平八　　炮2进4　　8.兵九进一　…………

形成五七炮进三兵对反宫马飞左象的阵势。红方挺边兵,是稳步进取的走法。如改走兵七进一,则卒3进1,兵三进一,卒7进1,车二进四,局势相对紧张激烈。

8.…………　　士6进5　　9.兵五进一　　卒9进1

黑方冲边卒,静观其变。

10.兵七进一　　卒3进1　　11.车二进三　　炮2进2

12.兵五进一　　卒5进1　　13.马三进五　…………

红方进中马,是急攻型的走法,容易招致黑方的反击。红方也可改走车二平五,稳步进取为宜。

13.…………　　车2进6　　14.马九退七(图9)　…………

红方退马,伏进炮打马捉车手段,暗设陷阱。

14.…………　　车2平3

如图9形势,黑方平车舍炮,暗伏先弃后取的手段,是化解红方进炮打马捉车威胁的巧妙之着。

**15. 炮五进三** ··········

红方炮打中卒,稳健的走法。如改走车八进一吃炮,则马3进4,黑可先弃后取反夺主动。

**15. ·········· 车9平8**

黑方乘势兑车,抢先的走法。如改走炮2退2,则炮七进二,马3进4,车八进三,红占优势。

**16. 车二平四 炮6进3**

黑方进炮献炮,是含蓄有力之着。

**17. 车八进一** ··········

红方如改走车四进一,则车3平5,马七进五,炮2平3,也是黑方易走。

林宏敏

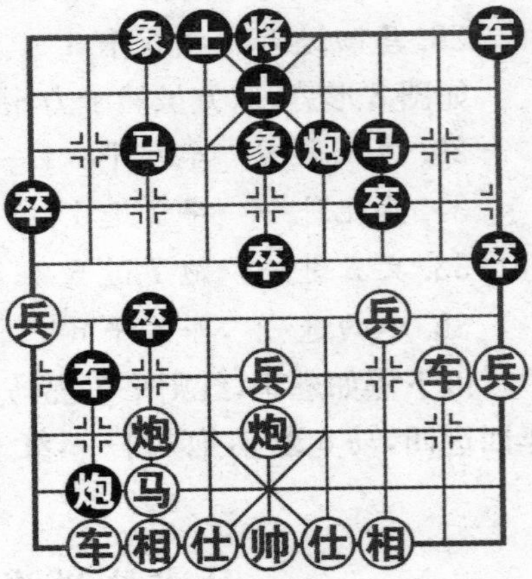

钱洪发

图9

**17. ·········· 炮6平5 18. 炮七平五** ··········

红方垫中炮,计算有误,应改走马七进五,黑如接走车3进1,则车四进一,卒3平4,车四平五,车3平5,相三进五,卒4平5,马五进七,车8平6,虽然仍是黑方占优,但是红方要比实战走法为好。

**18. ·········· 车8进4 19. 前炮平四 卒3平4**

**20. 炮四进三 马7进5 21. 炮四平一 卒7进1**

黑方兑卒活通马路,其势愈盛。

**22. 炮五进二 卒4平5 23. 兵三进一 马5进7**

黑方进马捉车,先手夺回一子,令红方难以抗衡了。

**24. 车四进五 卒5进1 25. 炮一进一 马7进8**

**26. 车八平九** ··········

红方如改走仕四进五,则车8平7,相三进一,车3退2,黑亦大占优势。

**26. ·········· 马8进7 27. 车四退七 马7退6**

**28. 车九进一 马3进5 29. 车九平三 马5进7**

**30. 马七进九 车3进3**

黑方乘机进车残相,毁去红方藩篱,加快了胜利步伐。

**31. 车四平六 车8退1 32. 马九进八 车3退4**

**33. 马八退七 车8平9 34. 炮一平二 车3平8**

35. 马七进五　车9平5　　36. 车六进二　车8退5

37. 仕六进五　车5进2

黑方多子胜定。

# 第 10 局

## 江苏徐天红(先胜)深圳汤卓光

### (1998 年 4 月 4 日于昆明)

**全国象棋团体赛**

1. 炮二平五　马2进3　　2. 马二进三　炮8平6

3. 车一平二　马8进7　　4. 兵三进一　卒3进1

5. 马八进九　象7进5　　6. 炮八平七　车1平2

7. 车九平八　炮2进4　　8. 兵九进一　士6进5

9. 兵五进一　车9平6　　10. 炮五平四　车6平8

黑方也可改走车6平7,较为含蓄多变。但如改走炮6进7,则相三进五,炮6平4,帅五平六,马3进4,车八进一,红方多子易走。

11. 车二进九　马7退8　　12. 车八进一　‥‥‥‥‥‥

红方高车活通主力,势所必然。

12. ‥‥‥‥‥‥　马8进7　　13. 马三进二　炮2平1

14. 车八进八　马3退2　　15. 炮四平三　马7退9

黑方可改走马7退8(如炮1平9,则兵三进一,象5进7,马二进四,红方优势),红如炮三进四,则炮6进3,兵三进一,炮6平1,马二进四,炮1退1,炮三平四,马2进1,要比实战走法为好。

16. 炮三进四　马9进8　　17. 兵三进一　象5进7

18. 兵七进一　象3进5　　19. 兵七进一　象5进3

20. 马九进七　象7退5　　21. 马七进六　‥‥‥‥‥‥

以上几个回合,红方弃兵跃马控制了要道,先手渐趋扩大。

21. ‥‥‥‥‥‥　马2进4　　22. 仕六进五　卒9进1

23. 相七进五　马4进2　　24. 炮七平九　卒9进1

25. 马二进四　象5进7　　26. 马六进七　卒9进1

27. 马七退五　‥‥‥‥‥‥

红方谋得中卒,为取胜增添了物质力量。

27. ·········· 象3退5　　28. 马四退六　马8进9

29. 兵五进一　卒9平8　　30. 兵五平四　马2进3

31. 马五退七　象5进3　　32. 炮三平八　象7退5

33. 炮八退三　··········

汤卓光

红方退炮巧围黑炮，下伏马六退七或马六进八捉死炮的手段，并可乘机打通边线对黑方右翼底线发动攻击，是扩大优势的有力之着。

33. ·········· 卒1进1(图10)

34. 马六退七　··········

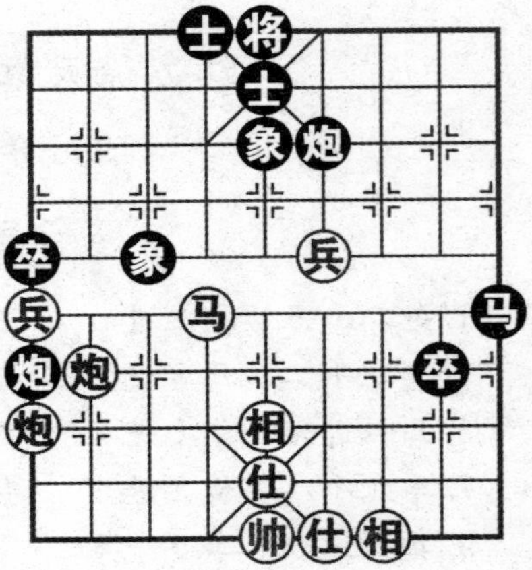

如图10形势，红方退马捉炮，取势为上。如改走兵九进一，虽得实惠，但取胜速度要慢。

34. ·········· 卒1进1

35. 炮九进二　炮1进3

36. 兵四进一　炮6平9

37. 马七进六　马9退7

38. 炮九进五　象5退3　　39. 炮八进六　士5退6

徐天红

图10

黑方弃象，无奈之着。如改走象3退5，则兵四平五，士5进6，马六进四，黑方亦难应付。

40. 炮九平七　将5进1　　41. 马六进四　马7进6

42. 炮八退八　马6退5　　43. 兵四平五　炮9平2

44. 仕五进六　卒8进1　　45. 炮八进四　马5进6

46. 马四进六　炮2平4　　47. 炮八进二

黑如接走将5平6，则兵五进一，炮4平3，炮七退一，红方胜定。

# 第 11 局

## 浙江赵鑫鑫(先负)广东许银川

### (2005 年 3 月 28 日于北京)

### "威凯房地产杯"全国象棋排名赛

1. 炮二平五　马2进3　　2. 马二进三　炮8平6

3. 车一平二　马8进7　　4. 兵三进一　卒3进1

5. 马八进九　象7进5　　6. 炮八平七　车1平2

7. 车九平八　炮2进4　　8. 兵九进一　士6进5

9. 兵五进一　马3进4

黑方跃马，另辟蹊径。

10. 兵七进一　··········

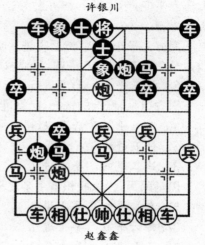

许银川

赵鑫鑫

图11

红弃七兵，是寻求对攻的强硬走法。如改走炮五进四，则马4退6,仕四进五,马6进5,炮五退一,变化相对稳健。

10. ··········　卒3进1

11. 炮五进四　马4进3

12. 马三进五（图11）　··········

红方进中马，授人以隙。应改走仕六进五,巩固阵势为宜。

12. ··········　炮2平5

如图11形势，黑方舍车以炮打马，算准一车换双后可以运用马炮作攻反夺主动。实战中弈来可谓胆识俱佳。

13. 车八进九　炮5退3　　14. 炮七平五　马3退5

黑方再度舍炮踩兵，着法十分积极有力，反映了许银川勇于进取的棋战风格。

15. 炮五进四　炮6进1　　16. 炮五平三　··········

红方如改走仕六进五,则马7进5,相七进五,后马进3,相五进七,炮6平5,也是黑占优势。

16. ··········　马5进6　　17. 帅五进一　马6退4

18. 帅五退一　炮6平5　　19. 车八退六　马4进6

20. 帅五进一　车9平6　　21. 车二进五　··········

红方如改走车二进七捉马,则车6进4,车二平三,马6退5,相七进五,将5平6,炮三平四(如帅五平六,则马5进3,黑方速胜),车6退1,帅五平六,炮5平4,红方亦难抗衡。

21. ··········　车6进5　　22. 车二平六　车6平5

23. 相七进五　··········

红方如改走帅五平四,则马6退7,黑亦抢攻在先。

23. ………… 车5平4 24. 车六平五 车4平7

25. 帅五平六 车7平4 26. 帅六平五 车4退1

27. 车五进一 …………

红方弃车砍炮,无奈之着。如改走车五退二,则卒3平4,帅五平四,马6退5,车五平四,车4平7,黑亦胜势。

27. ………… 车4平7

黑方先平车催杀,然后再进马吃车,正所谓"死马不急吃",细腻的走法。如改走马7进5,则车八平四,黑要取胜,需费周折。

28. 帅五平六 马7进5 29. 仕六进五 马6退5

黑方退马,稳健的选择,已算准车双马多卒可以取胜了。

30. 车八平五 后马进3 31. 炮三平二 车7平4

32. 仕五进六 卒3平4 33. 仕四进五 车4退1

34. 炮二退四 卒4进1 35. 车五平二 马3进1

黑马踏兵,为取胜积蓄多卒之势,老练的走法。

36. 车二平四 马1退3 37. 帅六退一 卒1进1

38. 帅六平五 卒1进1 39. 车四平五 卒1进1

40. 马九退八 卒1平2 41. 炮二进二 车4平5

42. 马八进七 卒2平3 43. 马七退六 卒4进1

黑卒破仕,已然胜利在望。

44. 仕五进六 马5进4 45. 帅五平四 车5平1

46. 炮二退四 马4退5 47. 相五进七 卒3平4

48. 相三进五 车1平8 49. 炮二进四 马5退4

50. 炮二平三 车8进6 51. 炮三退四 车8退3

52. 兵一进一 卒4进1 53. 马六进四 卒4进1

红方无仕不敌黑方车双马卒的攻击,遂停钟认负。

# 第12局

## 吉林洪智(先胜)湖北李望祥

### (2004年8月4日于吉林通化)

**全国象棋甲级联赛**

1. 炮二平五 马2进3 2. 马二进三 炮8平6

3. 兵三进一　卒3进1　　4. 马八进九　象7进5

5. 炮八平七　车1平2　　6. 车九平八　炮2进4

双方以五七炮进三兵对反宫马左象列阵。黑方左马缓出而先进炮封车,是20世纪80年代中期一度流行的应法。如改走马8进7,则车八进四,车9平8,车一平二,车8进9,马三退二,士4进5,马二进三,炮2平1,车八进五,马3退2,炮五进四,马2进3,炮五平六,炮1进4,炮七进三,红方多兵占优。

7. 车一进一　　…………

红方高横车,准备集中子力打破黑方右翼的封锁,不落俗套的走法。

7. …………　马8进7

黑方进左马,形成常见的反宫马阵势。如改走车9进1,则车一平二,马8进7,车二平四,士6进5,车四进三,车9平8,兵九进一,车8进3,马九进八,马3进4,马八进六,车8平4,炮五进四,炮6进2,炮七平五,马7进5,炮五进四,车2进3,炮五退二,炮6平5,车八进二,士5退6,仕四进五,士4进5,相三进五,车4进2,帅五平四,将5平4,车四进一,炮2退2,炮五平四,炮5进1,帅四平五,炮5退2,炮四退一,车4进2,车四退一,红方稳占先手。

8. 车一平七　　…………

红方炮后藏车,着法新颖。如改走车一平四,则士6进5,兵七进一,卒3进1,车四进三,卒3进1,炮七进五,炮6平3,车四平七,炮3平4,车七退一,炮2进2,黑方可以对抗。

8. …………　车9平8　　9. 兵七进一　车8进4

黑车巡河,稳健的走法。如改走炮2平3,则车八进九,炮3进2,车八退九,炮3退3,炮五平六,车8进4,相三进五,红方先手。

10. 炮七平六　　…………

红方平炮闪露大车,改进后的新走法。以往曾走兵七进一,炮2平3,车八进九,炮3进2,炮七进五,炮3退6,黑方足可对抗。

10. …………　士6进5　　11. 兵七进一　象5进3

黑方如改走车8平3,则车七进四,象5进3,马三进四,也是红占优势。

12. 车七进三　炮2退3　　13. 仕六进五　象3进5

14. 马三进四　炮6进2

黑方升炮,顶马。如改走卒7进1,则马四进五,马3进5,炮五进四,也是红占主动。

15. 兵九进一　卒7进1　　16. 马四退六　卒7进1

黑方兑7卒,虽然红车右移捉马争先,但如改走炮2平3打车,则车七平八,车2进5,马九进八,炮6退1,马八进七,炮6平3,相七进九,也是红占优势。

17. 车七平三　炮6平7　　18. 兵五进一　马7进6

黑方如改走马3进2打车,则炮六平八,仍是红方优势。

19. 炮六平七　车8进2(图12)　　20. 马六退四 ⋯⋯⋯⋯⋯

如图12形势,红方抓住黑方进车捉马的失误,乘机退马捉车,巧妙擒得一子,为取胜奠定了物质基础。

20. ⋯⋯⋯⋯⋯　马6进5

21. 马四进二　炮7进5

黑方如改走马5退7,则马二进三,象5进7,炮七进五,红亦多子胜势。

22. 车三退四　马5进3

23. 车八进三　前马退4

24. 车八平六　马4退2

25. 马二进四　炮2平3

26. 马四进五　炮3进6

27. 马五退七

黑方少子失势不敌,遂停钟认负。

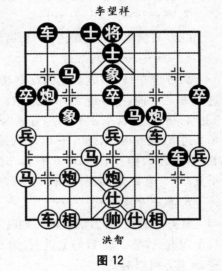

李望祥

洪智

图12

# 第13局
## 黑龙江赵国荣(先胜)火车头宋国强

### (1992年10月26日于北京)

### 全国象棋个人赛

1. 炮二平五　马2进3　　2. 马二进三　炮8平6

3. 兵三进一　卒3进1　　4. 马八进九　象3进5

5. 炮八平七　马8进7　　6. 车九平八　车1平2

7. 车一平二　车9进1　　8. 车八进四　车9平4

9. 仕四进五　士4进5　　10. 兵九进一　炮2平1

11. 车八进五　马3退2

形成五七炮进三兵对反宫马左横车的变例。红方兑车,稳健的走法。如改走车八平四避兑,则局面相对复杂。

12.炮五进四　炮6进7

黑方可改走炮6进5,红如炮五退一,则车4进5,车二进六(如车二进三,则炮6平1,相七进九,车4平3,炮七平四,卒3进1,黑方反先),车4平5,相三进五,车5退2,炮七平四,车5进1,黑方可以抗衡。

13.帅五平四　马7进5　　14.兵五进一　车4进4

15.兵五进一　马5退3　　16.车二进三　车4平7

17.相三进五　车7平5

黑方平中车嫌软,不如改走车7平1谋取实力为宜。

18.车二平五　车5进1　　19.马三进五　炮1进3

20.兵七进一　炮1退1　　21.兵七进一　象5进3

22.马五进七　炮1平2(图13)

23.马九退七　象7进5

如图13形势,红方退马,机警。如改走炮七进三,则黑方马2进4后,伏有象7进5的兑子手段,易成和棋。

24.相五退三　卒1进1

25.炮七平一　卒1进1

26.马七进六　炮2退1

27.相三进五　马2进4

28.马六进四　卒1平2

29.马七退五　卒7进1

30.炮一进四　卒2进1

31.兵一进一　卒2平3

以上一段着法,红方运子灵活,残棋优势渐趋扩大。

32.兵一进一　象5退7

33.兵一平二　炮2进1

34.马五进七　象3退5

35.马七进六　炮2平1

36.兵二进一　炮1退1

宋国强

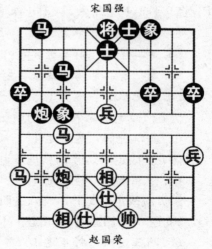

赵国荣

图13

37. 兵二平三　将5平4

黑方如改走马3进2,则马六进四,士5进6,炮一平九,黑方兵种不好守和亦是困难。

38. 炮一平二　将4平5　39. 炮二进一　马4退2
40. 炮二进二　将5平4　41. 仕五进四　卒3进1
42. 炮二退六　马2进1　43. 炮二进四　马1退2
44. 兵三进一　炮1进3　45. 马四退六　马2进1
46. 前马退七　炮1平2　47. 兵三进一　马1进2
48. 兵三平四　象5退3　49. 仕四退五　马2进3
50. 马六进四　卒3进1

黑方不甘苦守,驱动马炮卒争取对攻。

51. 炮二退一　马3退5　52. 马七进六　马5退3
53. 炮二进三　炮2平6

黑方平炮,继续寻求对攻。如改走将4平5,则兵四平五,后马退5,马六进四,将5平4,兵五平六,马3退2,炮二退八,红方优势。

54. 兵四平五　卒7进1　55. 马四进三　卒3平4
56. 炮二平四　前马进4　57. 帅四平五　炮6平7
58. 马三进二　马4退5　59. 炮四平七　炮7平5
60. 炮七平三　炮5退5　61. 炮三平一　马5进6

黑方应改走炮5平7,较为顽强。

62. 马二进四　炮5退1　63. 马四退五　将4进1

黑方如改走炮5进1,则炮一退二,黑要失子。

64. 帅五平四　将4进1　65. 马五退三　炮5进3

黑方应改走炮5平6,马六进四(如帅四平五,则马6进7,帅五平四,马3进4),马6退8,马四退五,将4退1,马三进二,炮6进1为宜。

66. 马三进四　将4退1

黑方如改走将4平5,则马四退二,红方得子胜定。

67. 炮一退一　炮5退2　68. 马六进四　将4退1
69. 炮一进一

红胜。

## 第 14 局
## 黑龙江赵国荣(先胜)上海胡荣华

### (1985 年 10 月 9 日于南京)

#### 全国象棋个人赛

1. 炮二平五　马 2 进 3　　2. 马二进三　炮 8 平 6

3. 兵三进一　马 8 进 7　　4. 马八进九　卒 3 进 1

5. 炮八平七　象 7 进 5　　6. 车九平八　车 1 平 2

7. 车八进六　…………

形成五七炮进三兵对反宫马进 3 卒的阵势。红方左车过河,抢占制高点。也可改走车一平二,炮 2 进 4,兵七进一,卒 3 进 1,兵三进一,形成双弃兵的变例。

　7. …………　车 9 平 8　　8. 车一平二　…………

红方缓出右车,先进左车封压黑方右翼子力,待黑方亮出左车后出右车逼兑。这种以"步"换"势"的后中先战法,是本局的核心,也是黑龙江队喜用的布局变例之一。

　8. …………　车 8 进 9　　9. 马三退二　炮 6 进 1

10. 车八退二　士 6 进 5　　11. 炮五平三　…………

黑方中路坚实,无隙可乘,红方卸中炮遥控黑方 3 路线,适时。

11. …………　炮 2 平 1　　12. 车八平四　…………

红方平车避兑,保持变化。如改走车八进五,马 3 退 2,炮三进四,炮 6 进 3,局势相对平稳。

12. …………　炮 6 退 3　　13. 兵九进一　车 2 进 4

14. 相三进五　马 3 进 4　　15. 车四平六　卒 3 进 1

16. 兵七进一　炮 1 平 4　　17. 车六平五　马 4 退 6

18. 车五平六　卒 7 进 1

黑方兑 7 卒不如改走车 2 平 8 捉马,待红方马二进一后再卒 7 进 1,炮三进三,马 6 退 8,这样使红马归边降低其战斗力,比实战走法要好。

19. 炮三进三　马 6 退 8　　20. 马二进三　…………

红方进马,正确。如改走炮三进一,则马 8 进 9,炮三平九,马 9 进 8,红有顾忌。

20. ………………　车2平6　　21. 马九进八　车6平2

22. 马八退九　炮6平8(图14)

23. 炮三平七　炮8平6

如图14形势,红方抓住黑方求变心切的心理,乘机右炮左移,既可切断黑方左右子力联系,又可组织联攻,战法精巧。黑如续走象5进3去炮,则兵七进一,车2退4(如车2平3,则相五进七,马7进6,车六进三,士5退4,炮七进三,红方易走),车六平八,车2平1,兵七进一,红方弃子占势易走。

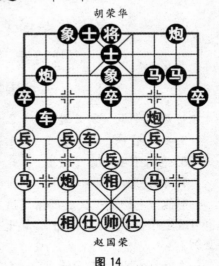

胡荣华

赵国荣

图14

24. 前炮进三　马7进6

25. 车六退一　车2进3

黑方如改走马6进7,则兵七进一,车2平3,马九进七,车3平6,前炮平六,象3进1,车六进二,红方占优。

26. 兵五进一　炮6平7　　27. 仕四进五　马6进7

28. 车六平四　炮4进6　　29. 马三退二　………………

退马防黑马袭槽,红方走得十分老练。

29. ………………　士5进4

黑方扬士,预防红方双炮作攻。如改走炮4平2攻马,则后炮进一捉马,兑子后红方多兵占优。

30. 后炮平六　士4进5　　31. 炮七平九　象3进1

32. 炮九退二　车2退4　　33. 兵九进一　马8进9

34. 马二进一　马9进8　　35. 马九进七　马8进7

36. 马一退三　炮4平7　　37. 炮六进一　马7进9

双方再换一子之后,局势渐趋明朗,红方多兵得势,已稳操胜券。

38. 炮六退一　马9退7　　39. 炮六进一　马7进9

40. 车四退一　马9退7　　41. 车四进一　马7进9

42. 炮六退一　马9退7　　43. 兵七进一　象5进3

44. 马七进六　卒5进1　　45. 兵五进一　前炮平8

46. 兵五平四　炮8退2　　47. 车四进一　炮8退4

48. 兵四平三　车2平8　　49. 车四退一

红胜。

## 第15局

# 广东吕钦(先胜)湖北柳大华

### (1989年5月12日于安徽泾县)

**全国象棋团体赛**

1.炮二平五　马2进3　　2.马二进三　炮8平6

3.兵三进一　马8进7　　4.马八进九　车9平8

5.炮八平七　象3进5

形成七五炮缓开车对反宫马的阵势。黑方飞象,巩固阵势。也可改走车1平2,红如车九平八,则炮2进4,兵七进一,车8进4,车一平二,车8平4,车二进六,炮6平4,仕六进五,象3进5,双方另有攻守。

6.车九平八　炮2平1　　7.车一平二　…………

红方出车邀兑,是后中先的走法。也可改走兵七进一,挺兵制马。

7.…………　车8进9　　8.马三退二　卒7进1

黑方兑卒活马,及时。如改走士4进5,则炮五平三,车1平4,相三进五,红方主动。

9.兵三进一　象5进7　　10.马二进三　士4进5

黑方补士,嫌缓。应改走马7进6,红如马三进二,则马6进4,炮七退一,车1平2,车八进九,马3退2,马二进一,象7退9,黑不难走。

11.马三进四　车1平4　　12.炮五平三　…………

红方卸炮瞄马,灵活。如改走马四进五,则马3进5,炮五进四,炮6平5,炮七平五,马7进5,炮五进四,炮1进4,车八进三,车4进3,局势立趋简化。

12.…………　象7退5　　13.马四进三　马7退9

黑方退马,消极。不如改走象5进7关住红马,红如车八进四,则车4进6,车八平三,车4平5,再象7进5,红方有所顾忌。

14.车八进七　炮1进4　　15.车八退四　炮1退2

16.相七进五　炮1平7　　17.兵七进一　炮6平7

18.炮三平二　马9进8　　19.仕四进五　车4平2

20.车八平九　…………

红方平车避兑,保持变化,势所必然。

20.············　车2进4　　21.兵五进一　马8退7

22.车九平二　前炮进4(图15)

黑方进炮失察,漏算了红方马踏中象先弃后取的攻击手段。应改走后炮平6,黑方局势虽落下风,但尚可支撑。

23.马三进五　············

如图15形势,红方马踏中象,一击中的,是先弃后取战术的极好范例。

23.············　马7进5

24.车二平三　后炮进1

25.车三退二　卒5进1

26.兵七进一　············

红方弃兵陷车,加快了胜利步伐。

26.············　车2平3

27.兵五进一　卒1进1

黑方如改走马3退2,则兵五进一,黑亦失子。

28.兵五平六　车3平4　　29.炮七进五　卒1进1

30.车三进三　卒1进1　　31.马九进七　车4进2

32.车三平八　将5平4　　33.炮二进六　士5进6

34.炮二平九

红胜。

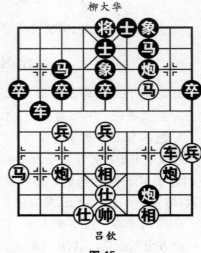

柳大华

吕钦

图15

# 第16局

## 湖北洪智(先胜)北京张强

### (2010年8月22日于常州)

**第五届"后肖杯"象棋大师精英赛**

1.炮二平五　马2进3　　2.马二进三　炮8平6

3.兵三进一　马8进7　　4.马八进九　············

双方形成中炮进三兵对反宫马的阵势。红方如改走车一平二,则卒3进1,马八进九,象7进5,炮八平七,车1平2,车九平八,炮2进4,形成五七炮进三兵对反宫马右炮封车布局中最经典的局面。

4.…………　车9平8　　5.炮八平七　象3进5

6.车九平八　炮2平1　　7.炮七进四　…………

红方炮击3卒先捞实惠,也可改走兵七进一,士4进5,车一平二,车8进9,马三退二,车1平4,炮五平三,卒5进1,形成另一种格局,双方对抢先手。

7.…………　士4进5

黑方补士,准备开出右车。值得一提的是在本次比赛第二轮,张强大师与特级大师吕钦也下成这个局面,当时张强大师走的是卒7进1兑卒,兵三进一,象5进7,马三进四,象7退5,车一进一,士4进5,兵九进一,马7进6,马四进六,车8进6,车一平三,马6进5,马六进八,炮1平2,炮五平八,车1平2,炮七平九,炮6进2,炮八进五,炮6平5,车三平五,马5退7,车五平三,马7进6,车三平四,马6退5,仕四进五,车2进2,帅五平四,车8进3,车四平三,炮5平2,黑方巧手得子,结果取得了胜利。

8.炮五平七　卒7进1

黑方此时也可考虑改走车1平4,相三进五,车4进4,准备下步用车兑起7卒,红如接走前炮平三再吃一卒,则马3进2,黑方子力活跃,足可一战。

9.兵三进一　象5进7　　10.相三进五　马7进6

黑方进马,眼见着红方有车八进五吃象的手段而不顾,走得很凶。稳健的走法是象7退5,局面较为平稳。

11.车八进五　马6进4　　12.车八平三　象7进5

黑方通过弃象来争取出子速度,此时也可考虑改走马4进6,马三进四,车1平4,车一平三,车4进5,前车平二,车8进4,马四进二,炮6平5,仕四进五,炮5进4,马二进四,双方各有顾忌。

13.车三退一　车1平4　　14.车一进一　车8平7

黑方如改走马4进3,则炮七退四,马3进2,双方各有顾忌。

15.车三进五　象5退7　　16.后炮退一　马4退3

17.炮七进五　车4进3　　18.炮七退二　将5平4

19.仕四进五　炮1进4　　20.炮七平二　…………

双方兑掉两个子后,局面缓和一些。红方此手应直接炮七平三较好。

20.…………　马3进2

黑方进马嫌缓,应改走车4进1,准备车4平7捉马较为紧凑。以下红如车一平四,则车4平7,炮二平三,炮6平7,车四进三,炮7进3,相五进三,象7进5,兑掉红炮后,局面接近均势。

21. 车一平四　车4进1　　22. 车四进三　车4平7

23. 炮二平三　卒1进1

黑方挺边卒,保持变化。如改走炮6平7兑炮,则兵七进一,炮7进3,车四平三,车7进1,相五进三,象7进5,双方局面简化。

24. 车四平八　象7进5　　25. 兵七进一　马2退3

26. 车八进二　……

双方均不甘平稳,寻找复杂变化。红方进车卒林,放出"胜负手",准备弃子强攻。

26. ……　　炮6进4

27. 炮三平五　车7进3

28. 炮五进三　马3进1

29. 车八平五　卒1进1

30. 车五平六　士5进4

31. 炮五退三(图16)　马1进2

如图16形势,黑方进马,坏棋;应改走炮6平8准备下底炮可保持对红方的牵制。试演如下:炮6平8,车六进一,将4平5,车六平五,将5平4,车五平四,马1进2,鹿死谁手,尚难预料。

32. 车六进一　将4平5

33. 车六平五　将5平4

34. 炮五平六　……

棋快一招,红方照肋炮后,马上又七兵过河叫杀,抢先组织起攻势,黑方以下只有被迫防守。

张强

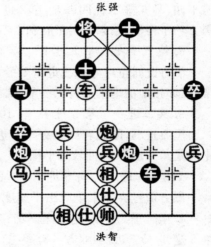

图16

洪智

34. ……　　车7退6　　35. 兵七进一　士6进5

36. 车五平八　炮6退6

速败之着!应改走炮1平2,车八平九,将4平5,要顽强一些。

37. 马九进七　将4平5　　38. 炮六平五　将5平4

39. 马七进八　马2进4　　40. 马八进七　将4进1

好棋!红马助战,攻势已经锐不可当。

41. 炮五平六　车2进4　　42. 相五进三

红胜。

## 第17局
## 上海胡荣华(先胜)北京付光明

### (1989年10月20日于重庆)

## 全国象棋个人赛

1.炮二平五　马2进3　　2.马二进三　炮8平6

3.兵三进一　马8进7　　4.马八进九　车9进1

形成中炮边马进三兵缓开车对反宫马的阵势。黑方出横车,似不如走车9平8稳正。

5.炮八平七　车9平4　　6.车九平八　车1平2

黑可先走车4进4,待红方相三进一后再走车1平2为好。

7.车八进四　………

红方高车河口,稳健的走法。

7.………　士4进5　　8.车一平二　炮2平1

9.车八进五　马3退2　　10.车二进六　车4进4

11.车二平三　炮6平4　　12.仕四进五　象3进5

13.炮五进四　………

以上几个回合的较量都在双方意料之中,红方采取谋卒争占实惠的策略;黑方则力求大子占得好位,在红方左翼寻隙发难。

13.………　马7进5

黑方只好以马兑炮,如改走车4退2,则马三进四,仍是红方多兵易走。

14.车三平五　炮1进4(图17)

15.车五退二　………

如图17形势,红方已占多兵之利,退车兑车走得十分老练。如改走车五平七,则卒1进1,车七退二,车4平3,兵七进一(如炮七进二,卒1进1,双方各有顾忌),炮4平3,红方兵种不全,较难进取。

15.………　车4平5

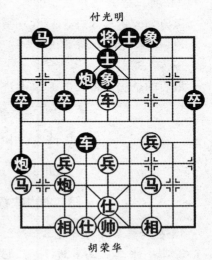

付光明

胡荣华

图17

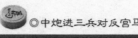

16. 兵五进一　马2进1

17. 马九退七　…………

红方调好左马的位置,消除己方的一个潜在弱点,机警。

17. …………　卒1进1　　18. 马七进五　马1进2

19. 炮七进四　炮4平3　　20. 兵五进一　卒1进1

21. 兵五进一　卒9进1　　22. 帅五平四　卒1平2

23. 马五进四　炮3进4　　24. 兵五进一　…………

红方马位现已调好,时机成熟,用中兵破象打开缺口,发起攻击。

24. …………　象7进5　　25. 马四进六　卒2平3

26. 炮七平五　马2退4

黑方退马,无奈。如改走马2退3,则马六进七,黑方双炮卒残象也难抵挡红方马炮兵的攻击。

27. 兵三进一　卒3平4　　28. 炮五平一　…………

红方中路进攻受阻,改为侧翼袭击,走得灵活。

28. …………　将5平4　　29. 兵三进一　马4退3

30. 炮一进三　象5退7　　31. 马六进七　炮3平7

32. 马三进五　将4平5　　33. 马五进四　卒4进1

34. 兵三进一　炮7退3　　35. 马四进六　士5进4

黑方如改走马3进5,则兵三平四,黑方也难应付。

36. 马六进四　将5进1　　37. 炮一退一　马3进1

38. 兵三进一

最后的杀法是将5进1,马七进六,红胜。

# 第18局
## 广东许银川(先胜)河北阎文清

### (1993年12月1日于广州)

**第二届"味极王杯"象棋精英赛**

1. 炮二平五　马2进3　　2. 马二进三　炮8平6

3. 车一平二　马8进7　　4. 兵三进一　卒3进1

5. 马八进九　车9进1

形成中炮边马进三兵对反宫马的阵势。黑方高左横车,系旧式应法,现在一般多走象7进5固防。

6.炮八进四　……

红方飞炮过河,是针锋相对的有效攻击手段。

6.……　　象7进5　　7.车二进六　……

红方进车,加强对黑方右翼的攻击。也可改走炮八平三,比较简明。

7.……　　炮6进4

黑方如改走车9平4,则车二平三,马7退9,马三进四,也是红方易走。

8.马三进二　车9平6　　9.车九进一　炮2平1(图18)

10.车九平四　……

如图18形势,红方平车拴链黑方车炮,紧凑有力,是争先取势的重要手段。

10.……　　车1平2

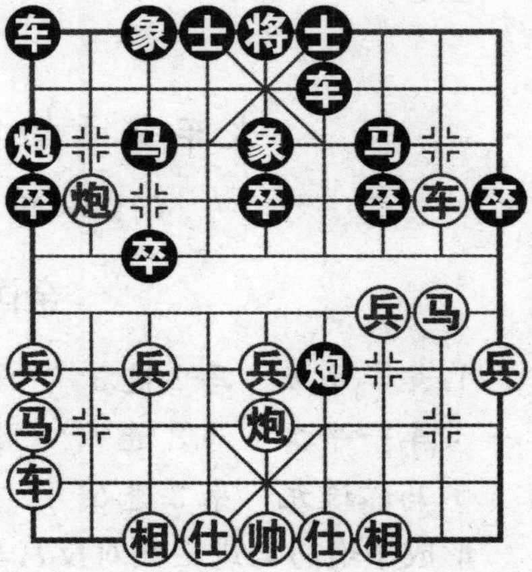

11.炮八平三　车2进5

12.兵三进一　车2平6

黑方平车失察,被红方谋得一子。应改走炮6退1,虽仍居被动,尚不致失子。

13.兵三平四　马3进4

14.车四进二　前车进1

15.马二退四　……

红方谋得一子,胜利在望。

15.……　　车6进3

16.马四进二　车6平7

17.炮三平一　马4进6

**阎文清**

**许银川**

**图18**

黑方如改走马7进9,则炮五进四,士4进5,炮五平一,车7进5,车二平三,红方多子胜势。

18.炮一进三　象5退7　　19.车二平四　……

红方平车逼兑,以多胜少,简明有力。

19.……　　马6进8　　20.车四平三　车7平8

21.车三进一　马8进6　　22.帅五进一　车8进1

23.炮五进四　将5进1　　24.车三进一　将5进1

25.车三退六　车8平6　　26.炮五平二　炮1进4

27.炮二退四　马6退7　　28.车三进一　将5退1

29. 帅五退一　··········

红方退帅,不给黑方可乘之机,老练的走法。

29. ··········　象3进5　　30.仕六进五　车6平4

31. 相七进五　马7退6

黑方如改走炮1平5,则炮一退五,车4退2,炮二进一,红方多子胜定。

32. 炮二进六　将5退1

黑方如改走将5平4,则车三进五,将4进1,炮一退二,马6退8,车三平八,炮1平5,车八退一,将4退1,炮一进一,红胜。

33. 车三平四　车4退2　　34.炮二退二

红胜。

# 第19局
## 火车头于幼华(先胜)广东许银川

### (1997年5月11日于上海)

### 全国象棋团体赛

1. 炮二平五　马2进3　　2.马二进三　炮8平6

3. 车一平二　马8进7　　4.兵三进一　卒3进1

5. 马八进九　象3进5

形成中炮边马进三兵对反宫马进3卒飞右象的阵势。黑方飞右象系旧式应法。现在一般多走象7进5飞左象,双方另有不同攻守。

6. 炮八进四　卒7进1

黑方兑卒虽可活通左马,但度数上容易吃亏。如改走士6进5,则较为含蓄多变。

7. 兵三进一　象5进7　　8.车二进六　车9进2

9. 车九进一　象7退5　　10.马三进二　车1进1

黑方如改走士4进5,则车九平六,也是红方先手。

11. 车九平四　炮6退1　　12.兵五进一　炮6平2

13. 车二进二　··········

红方进车链炮,似笨实佳。如改走炮八进二,则车1平2,车四平八,炮2进1,红无便宜可占。

13. ··········　炮2平4

黑方此时如改走士 4 进 5,则炮八进二,车 1 平 2,马二进三,红方易走。

14. 车四平六　士 4 进 5　　15. 车二退二　马 3 进 4

16. 车六进四　炮 2 平 4(图 19)

17. 兵五进一　…………

许银川

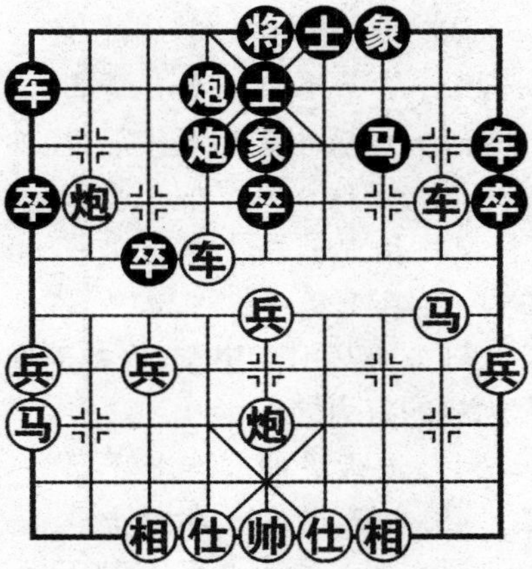

如图 19 形势,红方冲中兵保车,构思巧妙。正是有此一着,所以红方 16 回合才进车吃马,一车换双。如改走车六进二,则士 5 进 4,兵五进一,卒 5 进 1,红无续攻手段。

17. …………　车 1 平 2

18. 炮八平七　车 2 平 3

黑方平车捉炮,使双车均居暗处。不如改走后炮进 3,兵五平六,车 2 进 4,要比实战走法为好。

19. 车六进二　士 5 进 4

20. 兵五进一　炮 4 平 5

于幼华

图 19

黑方当然不能走车 3 进 2,否则兵五平六,红方得车。

21. 兵五平六　炮 5 进 6　　22. 相三进五　士 4 退 5

23. 马九退七　…………

红方左马迂回增援,加强攻击力量,紧凑有力的走法。

23. …………　卒 9 进 1　　24. 车二平三　马 7 退 9

25. 马七进六　车 9 平 7　　26. 车三平一　车 7 进 4

27. 马六进七　马 9 进 7　　28. 车一退一　车 3 平 4

黑方如改走车 7 退 2,则兵一进一,车 3 平 4,马七退五,车 7 平 9,兵一进一,也是红方多兵占优。

29. 车一平六　车 7 平 9　　30. 马二进三　马 7 进 9

31. 马三退五　马 9 进 7　　32. 马五退三　车 9 平 6

33. 车六退一　车 4 平 3　　34. 兵九进一　车 3 退 1

以上一段,双方攻守俱紧,但由于红方一车换双后净多二兵,在实力上占有优势,所以黑方仍难摆脱困境。

35. 兵七进一　车 6 平 1　　36. 仕六进五　车 3 平 2

37. 马七退五　马 7 进 5　　38. 马三进二　…………

红方进马催杀,力争主动的走法。

38. ………… 车 1 平 7 　　39. 车六平五 …………

红可改走相五进三,更为积极有力。

39. ………… 车 2 进 4 　　40. 兵六平五 　车 2 退 1

41. 炮七平六 　车 2 进 1 　　42. 炮六退四 …………

红方还应改走相五进三,黑如车 7 平 6,再炮六退四,较为紧凑有力。

42. ………… 车 2 平 8 　　43. 炮六进四 　车 8 平 4

44. 相五进三 　车 7 平 6 　　45. 相七进五 　将 5 平 4

46. 兵七进一 　车 4 平 3

红方弃兵引离黑车,准备退炮发动攻势,是大局感极强的走法,也是迅速扩大优势的有力之着。

47. 炮六退四 　车 3 平 7 　　48. 相三退一 　象 5 退 3

49. 相五退三 　车 6 平 3 　　50. 兵五平六 　车 7 平 4

黑方如改走车 3 平 4,则兵六进一,车 7 退 1(如士 5 进 4,则马二进四,红胜),兵六进一,将 4 平 5,炮六平五,红方胜定。

51. 兵六平七 　士 5 进 4 　　52. 车五进二 　车 3 退 2

53. 相一进三 　象 3 进 5 　　54. 兵七平八 　卒 1 进 1

黑方如改走士 6 进 5,则兵八平九,红方净多二兵,黑方也难应付。

55. 兵九进一 　车 3 平 1 　　56. 兵八进一 　车 1 进 5

57. 炮六退二 　车 1 退 8 　　58. 兵八平七 　将 4 平 5

59. 车五平八 　象 5 退 3 　　60. 车八平七 　车 1 平 6

61. 炮六平九 　士 4 退 5

黑方如改走车 4 平 1,则炮九平七,士 4 退 5,兵七进一,红亦胜势。

62. 炮九进八 　士 5 进 4 　　63. 兵七进一

以下黑如接走士 4 退 5(如士 6 进 5,则兵七平六),则兵七进一,士 5 退 4,车七平五,红方胜定。

# 第 20 局

## 吉林洪智(先负)上海林宏敏

### (1997 年 10 月 7 日于漳州)

## 全国象棋个人赛

1. 炮二平五 　马 2 进 3 　　2. 马二进三 　炮 8 平 6

3. 兵三进一　卒3进1　　4. 马八进九　象7进5

5. 车一平二　马8进7　　6. 车九进一　…………

形成中炮直横车进三兵对反宫马左象的布局阵势。如改走炮八平七,则车1平2,车九平八,炮2进4,演成流行的变例。

6. …………　士6进5　　7. 车九平四　卒1进1

黑方挺边卒既可克制红方边马,又可车1进3活通己方车路,灵活的走法。

8. 车四进三　…………

红方肋车巡河,正着。如改走车二进六,则卒1进1,兵九进一,车1进5,车二平三,车9进2,红方无便宜可占。

8. …………　车1进3

黑方高车,正着。如改走炮2平1,则炮八进四,车1平2,炮八平三,红仍持先。

9. 仕四进五　车9平7

黑方平象位车,预做防范,含蓄有力的走法。

10. 炮五平六　马7退6

黑方回马以退为进,准备续走卒7进1开通7路线。如改走炮2平1,则车二进六,车1平4,车四平八,炮1进1,车二退二,车4进1,炮六平四,车4平5,炮四退二,车7进8,车二退五,马7退8,相三进五,炮1进3,双方大体均势。

11. 相三进五　卒7进1　　12. 车二进四　马3进4

黑方跃马捉车,力争主动的走法。也可改走卒5进1,红如兵三进一,则车7进4,车二进五,炮2退1,炮八平七,炮2平1,炮七退一,车1平4,兵七进一,卒3进1,车四平七,炮1进3,车七平四,马3进2,也是黑方易走。

13. 车四平六　卒7进1　　14. 相五进三　马4退6

15. 相三退五　后马进7　　16. 车二进四　马7进6

17. 车六进四　炮6平7　　18. 马三进四　卒5进1

黑方挺中卒,准备马6退4关车,灵活有力之着。

19. 车六退四　炮2进4　　20. 马四退三　炮7平6

21. 车六平四　炮6退2　　22. 兵七进一(图20)　前马退8

如图20形势,黑方回马捉车,以退为进,由此展开了围困红车的战术计划,是反夺主动的紧要之着。

23. 车四平六　马6退7

黑方再度退马围困红车,是上一回合退马捉车的后续手段,至此,黑方围困红车的战术计划已告成功。

24.兵九进一 ··········

红方弃边兵,是解救红车的必然之着;否则黑方有炮6进1,车二退一,炮2退4打死车的手段。

24.·········· 卒1进1

黑方挺卒吃兵,正着。如误走炮6进1,则车二退一,炮2退4,马九进八,黑方无便宜可占。

25.兵七进一 卒1进1
26.车六平八 卒1进1
27.炮六平九 炮2平3

黑方谋得一子,为取胜奠定了物质基础。

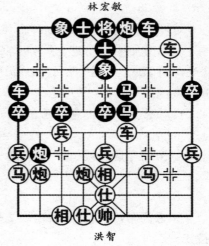

林宏敏

洪智

图20

28.炮八平七 炮6进4 29.车二退一 马7退9

30.车二平一 马8退6 31.兵七进一 炮3进3

黑方弃炮轰相,暗伏先弃后取的手段,是迅速扩大优势的巧妙之着。

32.相五退七 车1平3 33.马三进二 ··········

红方进马,逼走之着;如逃炮,则黑方有炮6平9打死车的手段。

33.·········· 车3进4 34.马二进四 马6进7

35.车八平三 马9进8

黑方进马困马,可谓恰到好处;既可防止红方马四进五弃马换取双象,又为捉死红马埋下伏笔。

36.炮九进七 车7平6 37.马四进五 ··········

红方如改走马四进三,则车6进2,马二进三,车3平8,黑亦胜势。

37.·········· 车6进2 38.相七进五 车3退5

黑方退车捉马,机警之着。如改走车6平5,则车三进一,黑方反而麻烦。

39.马五退六 车3进2 40.马六进五 卒5进1

黑方弃中卒擒回一子,已是胜券在握了。

41.兵五进一 车6平5 42.炮九退六 车3进2

43.炮九进二 马7进5 44.车一退一 车3平8

45.炮九平四 车8进1 46.帅五平四 马5进6

黑方虎口献马,精彩之着!

| 47.车三进二 | 车8进2 | 48.帅四进一 | 马6进8 |
|---|---|---|---|
| 49.车三退五 | 车5进4 | 50.车一平二 | 车5平6 |
| 51.仕五进四 | 车6退2 | 52.车三平二 | 车8平4 |
| 53.前车进一 | 车4退1 | 54.帅四退一 | 车6进3 |
| 55.帅四平五 | 车6平5 | 56.帅五平四 | 车4进1 |
| 57.帅四进一 | 士5退6 | | |

黑方退士,解杀还杀,红方认负。